The Analects of Dr. A. Kuyper
(Calvinistic Theologian, Preacher, Politics, journalist)

ed. by Dr. S.K.Chung

2025

Kingdom Books

아브라함 카이퍼 어록

발행	2025년 10월 21일
편역자	정성구
발행인	윤상문
편집인	이은혜, 이대순
디자인	박진경, 표소영
발행처	킹덤북스
등록	제2009-29호(2009년 10월 19일)
주소	경기도 용인시 기흥구 동백동 622-2
문의	전화 031-275-0196 팩스 031-275-0296

ISBN 979-11-5886-347-0   03230

Copyright ⓒ 2025 정성구
이 책은 저작권법에 따라 보호받는 저작물이므로 무단 전재와 복제를 금지하며, 이 책의 내용의 전부 또는 일부를 이용하려면 반드시 저작권자와 킹덤북스의 서면 동의를 받아야 합니다.

※ 잘못된 책은 구입한 곳에서 교환하여 드립니다.
※ 책 가격은 표지 뒷면에 있습니다.

아브라함 카이퍼 어록

The Analects of Abraham Kuyper

정성구 편역

킹덤북스
Kingdom Books

추천의 글

개혁주의 신앙에 눈을 뜨게 하다

박성규 박사
총신대학교 총장

"1920년 아브라함 카이퍼 박사님이 소천했을 때 전 세계 120개 신문은 그분의 서거를 애도하고 제2의 칼빈이 잠들었다고 전했습니다. 또한 그가 하나님의 주권과 하나님의 왕권을 위해서 일했던 위대한 신학자요, 교회 개혁자요, 정치가요, 언론인이었다고 평가했습니다."(정성구, 『아브라함 카이퍼의 사상과 삶』, 17-18)

 아브라함 카이퍼 박사님이 소천한 지 100년이 넘었지만, 그분의 신학 사상은 단순히 한 시대를 풍미했던 장식품이나 골동품이 아니라, 이 시대를 살아가고 있는 목회자와 그리스도인들에게 필수품이라고 생각합니다. 그 이유는 영원한 진리인 성경에서 그의 사상이 나왔기 때문입니다. 저의 신학의 스승이신 총신대학교 전 총장이셨던 정성구 박사님께서 '아브라함 카이퍼 어록'을 모아 내신 것은 한국 교회 목회자와 그리스도인들에게 신학과 신앙에 필수품을 선물하셨다고 생각합니다.

이 책을 편찬하신 정성구 박사님은, 반세기가 넘는 시간 동안 아브라함 카이퍼를 연구한 학자이며 한국 교회를 일깨우는 불붙는 논리를 가진 설교가입니다. 주저(主著)인 『아브라함 카이퍼의 사상과 삶』의 머리말에서 밝혔듯이, 정 박사님은 네덜란드 자유 대학교에서 공부하던 중에, 아브라함 카이퍼의 명상록을 통해서 카이퍼를 만났고, 이를 계기로 하나님 중심의 신학과 세계관에 눈뜨게 되었다고 합니다. 또한 아브라함 카이퍼를 통해서 종교 개혁자 칼빈을 보게 되었습니다. 그 후로 정 박사님은 무기력한 사람이 아닌 뜨거운 가슴을 가진 역동적인 삶을 살아가게 되었다고 고백합니다.

정성구 박사님을 진정한 카이퍼리안(Kuyperian)으로 조명한 것은 아브라함 카이퍼의 나라인 네덜란드 언론사들이었습니다. 40년이라는 긴 세월 동안 정성구 박사님이 원장으로 섬기고 있는 분당의 '한국칼빈주의연구원'을 방문하면 네덜란드 일간지 신문에 실린 기사(Trouw, 1998. 6. 10)를 볼 수 있습니다. 그 기사에서 정 박사님은 자신을 '카이퍼리안 칼빈주의자(Ik ben een kuyperiaanse calvinist)'라고 소개합니다. 그리고 다른 기사(Trouw, 1998. 10. 10)는 '아브라함 카이퍼가 한국에 살아 있다(Abraham Kuyper leeft in Zuid-Korea)'는 제목으로 정 박사님의 아브라함 카이퍼에 대한 관심과 열정을 조명합니다. 또한 아브라함 카이퍼를 향한 대단한 열정은 그분이 수집하고 연구한 수많은 카이퍼의 저서들을 통해서도 만날 수 있습니다. '한국칼빈주의연구원'의 한 모퉁이를 지키고 있는 수많은 카이퍼의 원문 저서들과 그의 강연과 설교들을 기록한 낡은 소책자들은 정성구 박사님의 연구와 수고의 반증들입니다. 그리고 이들은 '아브라함 카이퍼 어록'의 발원지(發源地)이기도 합니다.

 정성구 박사님은 아브라함 카이퍼를 통해 칼빈을 보았고, 그 안에서 한눈에 파악되지 않는 칼빈과 카이퍼의 유기적인 연관성을 보았습니다. 또한 카이퍼가 가르쳐 주는 삶의 전 영역에 미치는 하나님 중심의 세계관을 통해 칼빈주의 즉, 개혁주의 신앙과 신학을 이야기해 왔습니다. 이제, 정 박사님은 칼빈의 개혁 신학에 시대적인 옷을 입힌 카이퍼에게서 힌트를 얻어, 카이퍼의 심오하고 실천적인 사상과 운동을 통해 성경적 신앙과 참된 교회의 회복을 이루며 더 나아가서 삶의 전 영역에 하나님의 주권과 왕권을 드러내라고 이 시대의 독자들을 부르십니다.

그러하기에 120년 전에 칼빈의 개혁 신학과 자신의 시대를 연결한 카이퍼의 수많은 글처럼, 이 책은 오늘날 교회의 사명을 고민하며 이를 감당하기를 원하는 진정한 목회자와 그리스도인들에게 심대한 도전과 변화를 일으키는 마중물이 되리라 믿습니다. 이런 초대에 반응하며 오늘을 살아가는 목회자와 그리스도인이라면 반드시 본서를 숙독(熟讀)하시기를 권합니다.

추천의 글

A. 카이퍼의 세계관을 만났다

오정현 목사
사랑의교회 담임

거세게 몰아치는 다원주의의 광풍 속에서, '어떻게 믿음을 지키고 후대에 전수할 것인가?'를 고민하는 이 시대 그리스도인에게 좋은 역할모델을 소개하는 책이 출간되었습니다. 한국의 대표적인 칼빈주의 학자로서 바른 신학을 세우기 위해 '한국칼빈주의연구원'을 설립하여 40년간 섬기시고, 총신대 총장과 대신대 총장을 지내신 정성구 박사님의 『아브라함 카이퍼 어록』입니다.

아브라함 카이퍼는(A. Kuyper) 자유주의가 창궐하여 성경이 하나님의 말씀임을 부정하던 시대에 교회와 국가가 하나님의 말씀으로 돌아갈 것을 불꽃처럼 외친 네덜란드 신학자입니다. 그는 본래 목회자였지만, 잘못된 세계관으로 국회와 정부를 장악하여 거짓된 시스템(System)으로 사회를 움직이는 세력을 묵과할 수 없어 위대하고 거룩한 전투에 앞장섰습니다. 카이퍼 박사는 저널리스트로서 50년간 주간지와 일간지에 날마다 칼럼을 기고하여 말씀과 하나님 중심의 칼빈주의적 세계관으로 민중을 깨웠고, 정치가로서 의회에서 뜨룰스트라(Mr. Troelstra)와 같은 사회주의 정치인들의 논리를 반박하였습니다. 카이퍼 박사는 논리는 논리로, 사상은 사상으로, 세계관은 세계관으로 맞서야 함을 강조하며, 223권의 저서를 남겼습니다. 그야말로 10개의 머리와 100개의 손을 가진 것처럼 사역하신 분이었습니다. 그는 위기에 처한 나라를 신학자로, 목회자로, 정치가로, 저술가로 최전선에서 나라를 구한 애국자였고, 네덜란드에 기독교적 전통의 토대와 초석을 마련한 분이었습니다. 카이퍼 박사의 통찰은 네덜란드뿐 아니라, 세계 교회에 여전히 영향을 미치고 있는데, 저 또한 그의 사상과 삶을 지난 40여 년 목회 여정에 적용해 왔습니다. 최근에는 저희 사랑의교회가 후원하여 아브라함 카이퍼의 만년의 대저작인 『반혁명 국가학: Antirevolutionaire Staatkunde』을 출판하기도 했습니다.

정성구 박사의 주저인 『아브라함 카이퍼의 사상과 삶』은 벌써 영어와 불어와 독일어로 번역 출판된 적이 있습니다. 이번에는 그의 수십 년의 각고의 노력으로 『아브라함 카이퍼 어록』이 출판된다고 합니다. 그토록 힘들고 어려운 작업을 이룩하신 정성구 박사의 학문적 노력에 경의를 표합니다.

이 책을 통해 신학자, 설교자, 정치가, 사상가들이 '칼빈주의적 세계관'을 만나게 될 줄을 믿습니다. 탁월한 정치 지도자, 기도의 사람, 신앙의 사람을 가슴 깊이 만남으로, 삶의 모든 영역에서 그리스도가 왕이 됨(Pro Rege)을 인정하는 하나님의 사람들이 비 온 뒤 새싹처럼 일어나게 되기를 간절히 바랍니다. 그동안 수고하신 정성구 총장님께 찬사를 보내며, 시대의 사명을 감당하기 원하는 모든 그리스도인들에게 일독을 권합니다.

주후 2025. 8. 15.
사랑의교회 오정현 목사

추천의 글

카이퍼의 핵심적 메시지

황우여 박사
전 부총리 겸 교육부 장관, 당 대표

아브라함 카이퍼 박사는 19세기 말 네덜란드의 A.R.P 정당의 당수요, 수상을 역임한 칼빈주의자이다. 그는 대학의 총장이자, 위대한 설교가요, 연설가요, 저널리스트요, 대정치가였다. 그는 철저히 하나님의 중심의 세계관을 펴내면서 19세기의 병든 문화를 고친 전략가이기도 하다. 그러면서 철저히 칼빈주의 세계관을 가지고 제 二의 칼빈으로 불리울만큼 네덜란드를 위대한 하나님의 나라로 만든 인물이다.

이 책을 쓴 전 총신대와 대신대 총장을 역임한 정성구 박사는 50년 전에 카이퍼 박사가 세운 암스텔담 뿌라야 대학교(Vrije Universiteit)에서 학위를 받고, 1988년에는 세계 최초로 서울에서 '아브라함 카이퍼 자료 전시회'를 개최해서 세상을 놀라게 했다. 당시 나는 제주지방법원 판사로 있으면서, 이 전시회를 보기 위해 비행기로 서울까지 왔었다.

정성구 박사는 아브라함 카이퍼를 꼭 빼닮았다. 그는 카이퍼처럼 작은 키지만 웅장한 음성으로 청중을 사로잡는 설교와 연설은 한국 교회와 사회의 견인차 역할을 해 왔다. 그는 이미 1986년부터 세계칼빈학회 멤버로서 한국 대표로 20년간 참여했고, '한국칼빈주의연구원'을 세운 지 40년 동안 칼빈과 카이퍼 연구의 대가가 되었다. 그뿐 아니라 그는 건국 대통령 이승만 연구에도 뛰어난 분으로서 이승만 박사의 발자취를 따라 수없이 하와이와 워싱턴과 프린스턴을 오가면서 자료를 모으고 연구했었다. 현재 그는 '한·미동맹 이승만 기념 재단 총재'로 종횡무진 일해오고 있다.

이번에 정성구 박사는 또 다른 책을 내신다. 그것은 아브라함 카이퍼의 저서들 중에 오늘을 살아가는 그리스도인들에게 꼭 필요한 '카이퍼의 어록집'이다. 카이퍼는 목회자이자, 정치가요, 당 총재요, 저널리스트로 223권의 저서를 남겼다. 하지만 우리는 카이퍼의 사상에 쉽게 접근 할 수 없기에, 카이퍼의 책 중에 핵심적 메시지 곧 카이퍼의 어록집을 통해 신학, 윤리, 정치, 사회, 문화, 예술에 이르기까지 오늘의 그리스도인들에게 대안을 제시하고 있기에 일독을 권하고 추천하는 바이다.

2025. 8. 15.
광복절 및 건국절 아침

추천의 글

아브라함 카이퍼 박사 어록

Dr Jan Peter Balkenende
네덜란드 전 수상

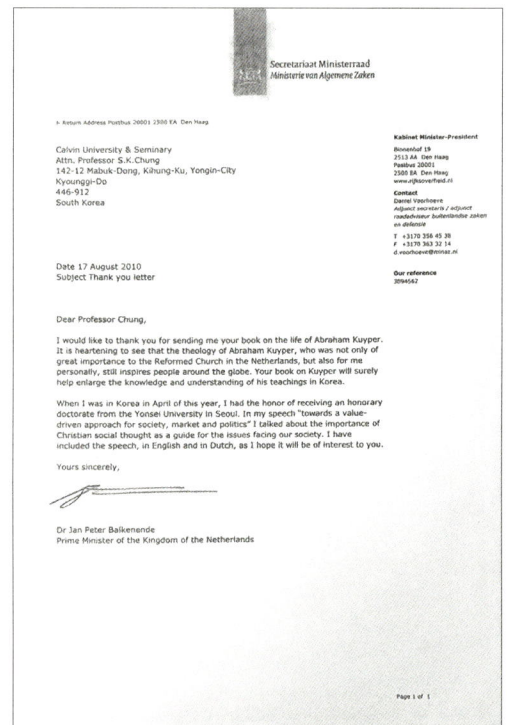

▲ 정성구 교수의 『A. 카이퍼의 사상과 삶』 출판에 대한 당시 발케넨데 네덜란드 왕국 수상의 감사 편지

Recommendation on "Analects of Dr. A. Kuyper"

Dr. Sung kuh Chung

To: Jan. Peter. Balkenende@nl.ey.com

April, 14, 2025
The Honorable Prof. Dr. Jan Peter Balkenende,
Minister of state and former Priminister(2002~2010) of Kingdom of the Netherlands.

I hope this message finds you well.
This is Dr. Sung Kuh Chung, a former chancellor of Chongshin University in Seoul and now the president of the Institute for Calvinistic Studies in South Korea.
I am a theologian and Pastor who has long studied not only John Calvin, the Reformer of Geneva, but also Dr. Abraham Kuyper of the Netherlands. Last year we saw each other at the opening ceremony of "Dr. Abraham Kuyper Street" held at Sarang Church in Seoul. I also gave the benediction at the end of the ceremony. I had studied Vrije Universiteit 50 years ago with Drs. Theol by Prof. Dr. J. Verkuyl

I am writing to you because within this year, I plan to publish a book titled "Analects of Dr. Abraham Kuyper." Through this, many pastors and theologians of the Korean church will hopefully learn from Dr. Abraham Kuyper in terms of his faith and ministry, thereby contributing to the healthy establishment of the Korean church.
In light of this, would it be possible that you write a recommendation for the newly published book?
I am aware of your busy schedule with your commitment to the relationship between the Netherlands and South Korea as well as peace and well-being of this global world. However, if you could join us with a recommendation, I believe the new publication will play an important role for the Korean church.
Thank you for taking time to read this letter and I hope you will join this project.

In Christ
Dr. Sung Kuh Chung(former president of Chongshin University)
President of the Institute for Calvinistic Studies in South Korea
(Return Address) skc0727@yahoo.com.

※ Reference

Message Body

Dear Mr. Sung Kuh Chung,

Greetings, and thank you for your email dated 3 April 2025. It is nice to hear from you again.

I'd like to congratulate you on your new project focusing on Dr. Abraham Kuyper. I am truly impressed by the attention of the Church in Korea to the faith and work of Dr. Kuyper.

Unfortunately, I am not in a position to write a recommendation for the upcoming book, as it is a matter of principle for the Dutch government to keep religion and government affairs separated. May I suggest that Dr. Jan Peter Balkenende, sometimes called 'the twenty-first century Abraham Kuyper' might be a much better choice to write a recommendation?

I wish you the best of luck completing your new and meaningful project and hope to see you again soon.

Yours sincerely,

Peter

From: Sung kuh Chung &skc0727@yahoo.com&
Sent: Thursday, April 3, 2025 3:43 PM
To: SEO &seo@minbuza.nl&
Subject: Recommendation on "Analects of Dr. A. Kuyper"

April, 03, 2025
The Honorable Mr. Peter van der Vliet
The Kingdom of the Nethermands Ambassador to the Republic of Korea.

Dear Honorable Ambassador Peter van der Vliet,
I hope this message finds you well. This is Sung Kuh Chung, a former chancellor of Chongshin University in Seoul and now the president of the Institute for Calvinistic Studies in South Korea.
I am a theologian and scholar who has long studied not only John Calvin, the Reformer of Geneva, but also Dr. Abraham Kuyper of the Netherlands. Last year, we saw each other at the opening ceremony of "Dr. Abraham Kuyper Street" held at Sarang Church in Seoul. I also gave the benediction at the end of the ceremony.
I am writing to you because within this year, I plan to publish a book titled "Analects of Dr. Abraham Kuyper." Through this, many pastors and theologians of the Korean church will hopefully learn from Dr. Abraham Kuyper in terms of his faith and ministry, thereby contributing to the healthy establishment of the Korean church.
In light of this, would it be possible that you write a recommendation for the newly published book?
I am aware of your busy schedule with your commitment to the relationship between the Netherlands and South Korea as well as peace and well-being of this global world. However, if you could join us with a recommendation, I believe the new publication will play an important role for the Korean church.
Thank you for taking time to read this letter and I hope you will join this project.

Best regards,
Sung Kuh Chung
President of the Institute for Calvinistic Studies in South Korea
(Return Address) skc0727@yahoo.com.

Help save paper! Do you really need to print this email?

Dit bericht kan informatie bevatten die niet voor u is bestemd. Indien u niet de geadresseerde bent of dit bericht abusievelijk aan u is toegezonden, wordt u verzocht dat aan de afzender te melden en het bericht te verwijderen. De Staat aanvaardt geen aansprakelijkheid voor schade, van welke aard ook, die verband houdt met risico's verbonden aan het elektronisch verzenden van berichten.

This message may contain information that is not intended for you. If you are not the addressee or if this message was sent to you by mistake, you are requested to inform the sender and delete the message. The State accepts no liability for damage of any kind resulting from the risks inherent in the electronic transmission of messages.

추천의 글

아브라함 카이퍼의 사상을 이해하는 통로

오정호 목사
새로남교회 담임, 증경 총회장

언어는 사상의 집입니다. 우리가 펴서 읽고 있는 성경의 4복음서 중에는 유독 빨갛게 인쇄된 부분이 있습니다. 곧 우리 구주 예수님께서 직접 하신 말씀입니다. 주님의 말씀을 한데 모으면 곧 복음입니다. 사실(Fact)과 동시에 진실(Truth)인 예수님의 말씀과 삶은 인류의 유일한 소망입니다.

열정적인 설교자이시며 다작의 저술가이시며, 시대를 꿰뚫어 보시는 사상가이신 정성구 박사님께서 또 한 권의 통찰력이 넘치는 소중한 책자를 우리 손에 들려주셨습니다. 바로 『아브라함 카이퍼 어록』입니다. 그의 여러 책자 가운데 빨갛게 밑줄을 그어 정제되고 질서 있게 집대성한 본서는 아브라함 카이퍼의 사상과 삶을 이해하는 통로이며 우리를 확실하게 목적지까지 인도하는 네비게이션입니다.

이미 대한민국의 칼빈주의자로 전 세계에 알려지신 정 박사님은 아브라함 카이퍼를 우리나라에 소개하는 귀한 일에도 열정을 쏟아부으셨습니다. 마치 또 다른 아브라함 카이퍼의 모습을 보는 듯합니다. 이 소중한 책자는 다른 어떤 때보다 사상 전쟁과 진리 전쟁을 치르고 있는 우리나라의 수많은 애국 국민과 목회자와 성도 그리고 신학도들에게 사상의 뼈대를 견고하게 세우는 영적 도구로서 시의적절하게 쓰임을 받을 것이 분명합니다.

창조주이신 하나님께서는 영원한 사랑이시며, 역사를 통치하시는 속성을 가지신 분임을 우리 모두는 고백합니다. 성 삼위 하나님과 역사에 대한 남다른 믿음과 통찰력으로 수많은 사람들에게 생각의 날개를 달아준 아브라함 카이퍼를 정 박사님의 수고와 땀을 통하여 재탄생한 본서를 손에 든 모든 분들은 분명 기쁨과 감사가 넘쳐날 것을 확신합니다. 저 개인적으로 총신대학과 신학대학원에서 현암 정성구 박사님을 스승으로 모실 수 있는 특별한 은혜를 허락하신 하나님 아버지께 감사와 영광을 올려드립니다. 아브라함 카이퍼가 정 박사님의 기쁨과 긍지가 되었듯 현암(賢岩) 정성구 박사님 또한 저의 기쁨과 긍지와 감사의 제목입니다.
Soli Deo Gloria!

추천의 글

한국 교회의 아브라함 카이퍼

최윤배 박사
전 장로회신학대학교 교수

존경하고 사랑하는 현암 정성구 총장님의 옥저 『아브라함 카이퍼 어록』을 모든 성도님들과 목회자분들과 신학자분들에게 강력하게 일독을 권하며 추천드립니다. 왜냐하면 첫째, 저자이신 정성구 총장님은 한국 교회의 아브라함 카이퍼이시기 때문이고, 둘째, 특성상 어록집은 카이퍼의 속마음과 핵심 사상을 파악할 수 있기 때문이고, 셋째, 참으로 구하기 힘든 귀한 자료로부터 구성되어 있기 때문입니다.

이 책의 저자는 카이퍼가 세운 Vrije Universiteit에서 카이퍼를 연구했을 뿐 아니라, 그의 명저 『아브라함 카이퍼의 사상과 삶』은 영어, 독일어, 불어로 각각 번역되었다는 것은 한국 신학계의 자랑입니다. 왜냐하면 한국의 학자가 오히려 서구 교회가 잊고 있었던 '개혁주의 사상'을 일깨우는 계기가 되었기 때문입니다.

이번에 출판된 '아브라함 카이퍼 어록'이 한국 신학계에 새바람을 일으킬 줄 믿고 적극 추천하는 바입니다.

머리말

금번 출판하게 된 『아브라함 카이퍼 어록』은 목회자의 강단을 돕고 또한 삶의 모든 영역에 칼빈주의적 세계관을 갖고자 하는 이들을 위해서 만들었다. 이 책은 필자가 반세기 전, Amsterdam의 Vrije Universiteit에서 카이퍼에 대한 관심을 갖고 연구하면서부터라고 할 수 있다. A. 카이퍼는 제 二의 칼빈으로 불리우고 당대 최고의 칼빈 학자였다. 그는 칼빈의 사상을 실제적으로 삶의 전 영역에 적용하도록 발전시켰다. 그리고 카이퍼는 일생동안 223권의 크고 작은 저서를 남겼다. 그 책들은 평생 읽어도 다 끝낼 수 없는 방대한 자료이다. 또 카이퍼의 책을 해설하는 책만도 전 3권으로 출판되었다.

편자는 십수 년 전에 『아브라함 카이퍼의 사상과 삶』이라는 책을 출판했고, 그 책이 중판을 거듭하다가 '영어'와 '불어'와 '독일어'로 번역되기도 했다. 한국 학자가 쓴 책이 무슨 연고로 독일어와 불어로 번역되었는지, 그 책의 광고에 나와 있듯이 서양 학자들이 A. 카이퍼에 대해서 다루지 않았고, 말하지 못한 것을 나의 책에서 다루었다고 소개했다. 예컨대,

1) 아브라함 카이퍼의 성령론(Pneumatologie)이다. 구미 학자들은 A. 카이퍼의 방대한 성령론을 간과했지만, 필자의 책에는 아브라함 카이퍼의

성령론을 특별하게 취급했었다. 칼빈이 성령의 신학자라면, 카이퍼 또한 성령의 신학자였다. 카이퍼 박사가 비록 조직신학적으로 성령론을 쓰지는 않았지만, 그의 성령론은 1000페이지가 넘었고, 그 속에서 개혁 신학의 진면모를 자세히 보여 주고 있다. 카이퍼 박사는 영성이 풍부한 설교자이기도 했다.

2) 카이퍼의 설교론(Homiletick)이다. 대게 구미 학자들은 학문적이고 논리적이어서 교의학적 접근은 많이 해도 실천신학적 접근은 전무했었다. 그럼에도 불구하고 카이퍼는 목회자로서 당대의 최고의 설교자였을 뿐 아니라, 설교를 구속사(Redemptive Historical)적으로 청중들에게 불꽃같이 외쳤고, 구속사적 설교 이론을 주장했다. 이것은 개혁자 칼빈의 설교 원리와 일맥상통함을 밝혔다.

3) 카이퍼의 선교론(Missiologie)이다. 사실 카이퍼는 근대 선교 이론가들이 선교를 말하기 전인, 1890년대 벌써 화란 개혁교회 총회 안에 선교 선언(Missio Menifesto)을 통해서 개혁교회의 선교 정책을 확립했다. 그래서 화란에서는 금세기에 카이퍼의 영향을 받은 선교학자들이 대거 출현했었다. 예컨대, H. Kraemer, J.H. Bavinck, J. Blauw, J. Verkuyl, D.C Mulder, J. Vanden Berg 등 거장들이 나타났다.

4) 내 책에서 주장하기를, 카이퍼는 흔히 일반 은총(Common Grace)의 창시자라고 주장하는 사람들이 많지만, 실제로 그는 특별 은총(Perticular Grace)이 먼저 있고야 일반 은총이 있음을 밝혔다. 하나님의 거저 주시

는 은총의 중요성을 일반 은총보다 훨씬 더 많이 주장했다.

5) 카이퍼의 경건론을 특히 취급했었다. 이는 칼빈의 경건론을 더욱 발전시켜 소극적 정숙주의, 고독주의를 뛰어넘었다. 카이퍼의 경건은 영적 전쟁에서 승리해야 함을 강조했고, 세상과 죄악을 발 아래 짓밟고 살아가는 삶을 경건으로 이해했다.

이 책은 편자가 『아브라함 카이퍼의 사상과 삶』이라는 책을 쓰면서 얻은 파편들을 정리했을 뿐이다. 편자는 카이퍼의 창을 통해 칼빈을 보았고, 카이퍼를 통해 칼빈의 연속성을 보았다. 그래서 결국 편자는 일평생 칼빈과 카이퍼의 신학 노선을 따라서 칼빈주의 또는 개혁주의 신학과 신앙을 말해왔었다. 편역자는 카이퍼의 책을 모두 읽은 것도 아니다. 하지만 카이퍼의 명상록 가운데 『하나님께 가까이』(Nabij God te Zijn)를 오래전에 우리말로 번역 출판한 바 있는데, 이 책은 분량이 600여 페이지 정도이고, 이 책 가운데 그의 사상이 전부 녹아 있다고 보면 된다. 거기다 그의 명저 『칼빈주의』 그리고 『성령론』과 『경건의 훈련』 등과 그 외의 강연집, 연설집, 소책자들, 그리고 손에 닿고 할 수 있는 데까지 자료를 찾아 묶었다. 그래서 더러는 반복도 있지만, 카이퍼는 칼빈의 사상을 삶의 전 영역에 확장 확대하고, 개혁주의 신학과 신앙 전반뿐 아니라 '세계관으로서의 칼빈주의'를 주장했다.

이 책은 목회자들의 설교에 큰 도움을 주려고 만든 것이다. 그래서 십수년 전에 편자는 『목회자들을 위한 칼빈의 어록집』이라는 책을 냈는데, 이번에는 '목회자들을 위한 카이퍼의 어록집'이라고 볼 수 있다. 이 책은 미완성 작품이지만, 목사님들에게 역사적, 정통 개혁주의 설교를 하려는 목회자들을 돕고 싶었다. 또한 성경적 세계관에 목말라하는 평신도들에게도 큰 도움을 주고 싶었다.

이 책을 만들기 위해서 제 아내인 최옥석 사모가 나의 악필을 풀어서 써 주었고, 한국칼빈주의연구원 행정실장 겸 기흥소망교회 담임인 김재철 목사가 컴퓨터 입력을 하면서 분류 정리했는데 그의 수고에 특별히 감사를 드린다. 그리고 이 책 『아브라함 카이퍼 어록』 중에 오역으로 뜻이 달라진 것이 있다면, 그것은 전적으로 나의 비천한 학문 때문이라고 미리 말하고 싶다.

또한 이 책을 추천해 주신 황우여 전 교육부 장관 겸 부총리, 그리고 총신대학교 박성규 총장님, 증경 총회장 오정호 목사님, 장로회신학대학교 최윤배 초빙 교수님, 사랑의교회 오정현 목사님께 깊은 감사의 말씀을 드린다.

2025. 9. 30.
편역자 정성구 박사 (전 총신대, 대신대 총장)

목차

추천의글

박성규 총장(총신대학교 총장) — 4
오정현 목사(사랑의교회 담임) — 7
황우여 박사(전 부총리 겸 교육부 장관, 당 대표) — 10
Dr Jan Peter Balkenende(네델란드 전 수상) — 12
오정호 목사(새로남교회 담임, 증경 총회장) — 18
최윤배 박사(전 장로회신학대학 교수) — 20

머리말 — 22

아브라함 카이퍼 어록 ㄱ-ㅁ

가난	34	고난	52
가족	35	고난이 주는 유익	53
감사	36	공산주의자	54
개혁	37	공화국 제도	54
개혁교회	38	관계	55
개혁신학	39	교리	56
개혁정당	39	교만	57
개혁주의	40	교육	58
거듭남(중생)	42	교회	59
거룩	45	교회 개혁	63
겸손	46	교회와 국가	63
경건	47	구속 사역	64
경건의 연습	49	구약과 신약	66
경제적 착취	51	구원론	67
		국가	69

국가의 통치권	70	민주주의	101
국민	71	믿음	102
권리	71	믿음과 학문	104
그리스도와의 연합	72		
그리스도의 군사	74	**아브라함 카이퍼 어록 ㅂ-ㅇ**	
그리스도의 몸	74	반혁명당	106
그리스도의 부활	75	법	106
그리스도의 인성	76	복음	107
그리스도의 재림	77	복음과 사회	108
그리스도인	78	부르심(소명)	109
금식	79	부활	112
기도	80	부흥	113
기독교 세계관	85	불란서 혁명	114
기독교 윤리	86	사도 바울	116
기독교 학문	87	사도 요한	117
기준	88	사도들	118
대립	89	사도직	120
대학 교육	91	사랑	121
돈	92	사탄	123
동성애	93	사회주의	124
로마 가톨릭	94	사회 참여	125
로마 가톨릭의 함정	95	삶의 규범	125
루터	96	삶의 목적	126
마음	97	삼위일체 하나님	127
맑스주의	98	새 계명	130
맘몬주의	99	생명	131
모더니즘(Modernism)	100	선거	132
목회자	100	선교	133

선택	134	신전 의식	195
선행	136	신학	197
설교	137	실천적인 기독교(행함)	198
설교자	139	십자가	199
성 바돌로매 대학살	141	양심	200
성경	142	여호와 하나님	201
성경의 권위	153	연합	202
성경의 원리	154	영생	203
성도	155	영역 주권	204
성령	157	영적 전쟁	207
성령론	166	영적인 잠	209
성령의 기름 부음	171	예배	210
성령의 사역	172	예수 그리스도	212
성령의 조명	177	예술	217
성령 충만	178	왕 되신 예수 그리스도	219
성서 비평의 오류	178	왕 되신 하나님	220
성육신	179	요한계시록	221
성화	180	우상 숭배	222
세계관	182	유혹	223
소망	185	윤리 신학자들	224
스토아 학파	186	음악	225
시간	187	의료 기관	226
시편	188	이단(異端)	227
신비주의	189	이론적 지식	228
신앙	190	이웃 사랑	229
신앙 고백	193	이원론	230
신앙과 불신앙	194	인간	231

인간론	232	참된 신앙	266
인격	233	참된 종교	267
인본주의	234	참된 행복	267
일반 은총	236	창조	268
임마누엘	238	천국	272
		칭의	273

아브라함 카이퍼 어록 ㅈ-ㅌ

		칼빈	274
자기 부정	240	칼빈주의	278
자유주의	241	칼빈주의자	286
재능(은사)	242	특별 계시	288
전적인 타락	244	특별 은총	289
정부	245		

아브라함 카이퍼 어록 ㅎ

정치	247		
조직신학	248	하나님	292
종교	249	하나님 중심	297
종교개혁	251	하나님과의 교제	298
종교의 씨앗	252	하나님과의 인격적인 교제	301
종교의 영역	253	하나님께 더 가까이	302
종교인	254	하나님께 영광	304
종교학	255	하나님을 아는 지식	305
좌파 학문	255	하나님의 계명	307
죄	256	하나님의 계시	308
주의 종	260	하나님의 권위	309
죽음	261	하나님의 나라	310
지식	262	하나님의 뜻	311
진화론	263	하나님의 말씀	312
찬양	265	하나님의 면전(코람데오)	317

하나님의 사랑	319	하나님의 편재성	338
하나님의 섭리	321	하나님의 형상	339
하나님의 영광	322	학문	340
하나님의 예정	325	함께 하시는 하나님	342
하나님의 은혜	326	항거할 수 없는 은혜	343
하나님의 의(義)	328	혁명의 모순	343
하나님의 자녀	329	현대주의	344
하나님의 재창조	331	확신	346
하나님의 주권(主權)	332	회개(회심)	348
하나님의 통치	336	휴머니즘	352

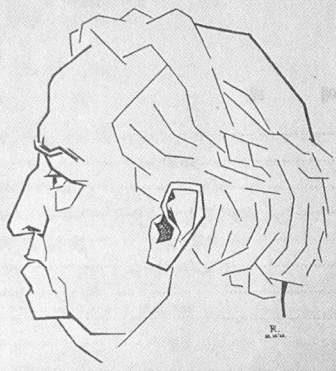

A. Kuyper에 대한 정성구 박사의 저서 및 역본

▲ 한국어판

▲ 영어판

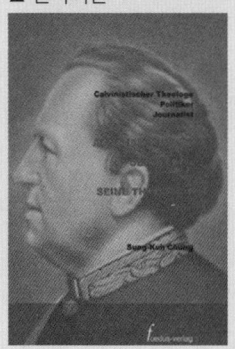
▲ 독일어 판

▲ 불어판

▲ 카이퍼와 이승만

▲ 카이퍼 저, 정성구 역

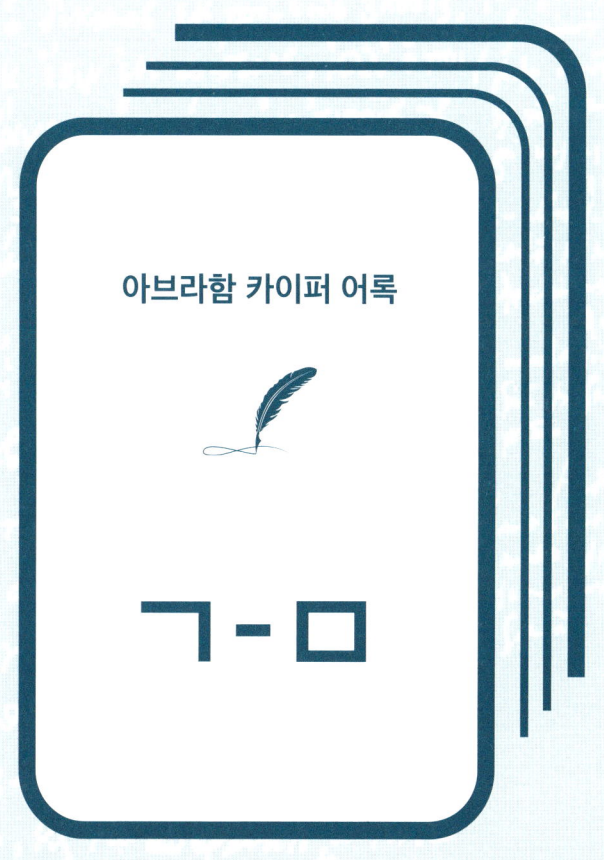

가난

가난의 문제를 해결하려면 경건과 자선만으로는 안 되고, 사회의 구조적 모순에 대한 철저한 분석과 사회 개혁의 프로그램이 필요하다.

Christianity and Class Sturuggle.

가족

가족은 인간의 발명이나 구성물이 아니며 하나님의 창조물이다. 그 가족에서 질서가 수립되고 그 질서로부터 머리가 임명됨으로써 사람이 아니라 하나님만이 가정의 질서를 세울 수 있다.

A. Kuyper. Anti-revolutionary Staatkunde Ⅰ.

감사

개혁교회의 예배 의식에서는 언제나 감사 의식이 포함된다. 왜냐하면 감사 없는 기도가 은혜의 보좌 앞에 올라간다고 생각할 수 없기 때문이다.
Nabij God te zijn. Chap III. 39.

감사가 곧 충만한 예배는 아니다. 다만 감사는 하나님께서 우리에게 어떤 분이셨는가를 염두에 두고 드리게 한다. 때문에 참되고 뜨거운 감사를 드리기를 배운 사람은 오직 하나님의 위엄을 찬미함으로 훨씬 더 풍부한 예배에 도달하게 된다.
Nabij God te zijn. 제91장.

십자가에서 얻은 용서에 대한 뜨거운 감사로 우리의 영혼을 채우지 않는다는 것은 정말 통탄할 일이다.
Nabij God te zijn. 제91장.

감사가 우리의 훈련 학교가 되도록 해야 한다.
Nabij God te zijn. 제91장.

개혁

어느 사학자는 "칼빈주의는 스위스, 네덜란드, 영국을 개혁시켰고, 미국으로 건너간 102명의 청교도(Pilgrims Father)를 통해서 미국의 번영에 촉매 역할을 했다"고 한다.

Calvinism Busken Het, Land of Rembrandt.

우리는 반드시 교회를 개혁하고 새로운 교회를 세워야 한다. 그러나 새로운 교회를 세우려면 성령께서 계시하신 교회 건설의 방법에 따라야 하는데, 그것은 순수해야 한다.

Frank vanden Berg, A. Kuyper. p.42.

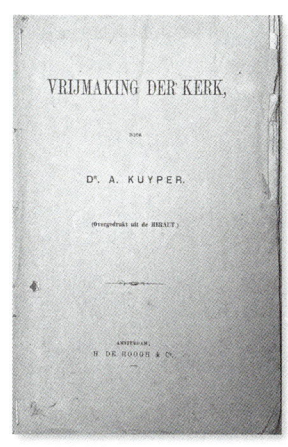

▲ 교회의 개혁

개혁교회

개혁교회의 근본 원리는 성령의 사역을 적용하고, 만물은 하나님의 영광에 따라 측정되지 않으면 안 된다.
That all things must be measured by the glory of God). (Nabij God te zijn. Chap Ⅰ. 두 가지 견해.

개혁교회의 예배 의식에서는 언제나 감사 의식이 포함된다. 왜냐하면 감사 없는 기도가 은혜의 보좌 앞에 올라간다고 생각할 수 없기 때문이다.
Nabij God te zijn. Chap Ⅲ. 39.

개혁교회는 개혁주의적, 민주주의적, 자율적 그리고 자립적이어야 한다. 그리고 교회는 반드시 3가지가 잘 구조적으로 잡혀 있어야 한다. 즉 말씀의 목회, 예배의 목회, 선교와 박애의 목회가 있어야 한다.
Confidence. 1873. p.114.

▲ 카이퍼 박물관(Massluis) 입구에 있는 한국칼빈주의연구원 행사 포스터

개혁 신학

개혁 신학은 창조주와 피조물 사이의 경계선을 가장 열렬히 지킨다.

Calvinism 미국판에 대한 설명. p.24.

개혁 신학은 상징주의나 범신론적 감정주의보다, 하나님의 계시인 성경이 우리 신앙의 전제이다.

Antithesis between Symbolism and Revelation. p.16-17.

개혁 정당

개혁 정당은 십자가의 기치 아래 모인 구성원들의 정당이기에 개인적인 명예나 권력, 고위관직, 금전욕에 빠져 있지 않아야 한다. 오직 그리스도와 그 영광스런 미래, 조국의 신앙적 구원을 위하여 영웅답게 전쟁에 임하여야 한다. 그래서 그리스도가 재림할 때 순교자의 피가 물들어 있는 이 땅에서 그에게 대적하기보다는, '할렐루야!'라고 외치며 주를 찬양하는 사람들을 찾을 수 있게 되기를 바란다.

1891.5. Maranatha

개혁주의

개혁신학자들은 하나님 자신을 출발점으로 삼고, 성령의 사역이 각 단계에 또는 모든 시대에 각 피조물의 심령에 분명히 나타나기까지는 만족하지 않았다.
Nabij God te zijn. Chap III. 9.

보수주의자와 자유주의자와는 다른 제3의 길(third way)로서, 개혁주의는 정치 체계에 있어서 독자적, 기독교적 입장을 세우기 위해서 노력했다. 적어도 50년은 앞으로 내다보자는 것이다.
1871.1.1. Heraut. 논설

개혁주의 운동은, 인간 개인의 회개와 그리스도에게로의 회심의 필요성을 강조했다. 그 후 구제 사업, 절제 운동, 신학 문헌과 성경의 엄격한 구분, 해외 선교는 귀하나 영적 갈급을 만나게 된다. 따라서 죄의 힘으로부터의 해방은 오직 그리스도 안에서만 가능하다.
1889.5.3. A.R.P 전당대회 연설

성령의 사역 교리는 개혁주의 신앙의 기본 교리이다(het Gereformeerd groundbeginsel).
Werk Van Heilige Geest. 1888. p.12.

성경이 멈추라는 곳에서 멈춰야 할 것이며, 즉 어려운 것은 설명되지 않은 채로 남겨 두고, 인간의 어리석은 판단을 덧붙이지 않아야 한다.

Het Werk Van den Heilige Geest. Vol. 2. p.12.

▲ 헤이그의 자택 서재에서 집필하고 있는 카이퍼의 모습

거듭남(중생)

우리의 중생의 첫 단계는 되살리는 것, 둘째는 회개하는 것, 셋째는 성화되는 것이다. Werk van Heilige Geest. 제4장. 23.

성경은 중생에 관해서 우리에게 충분하고 확실하게 교훈하고 있다. 하나님께서 스스로 이 사역을 예비하시고 준비했으니, 사람이 더 이상 그의 첫 창조와 영혼 창조인 이 신비에 대해서 억지로 풀려고 할 필요는 없다. Werk van Heilige Geest. 제4장. 21.

중생 되지 못한 사람은 귀머거리요 소경이다. 때문에 중생 되지 못한 사람은 전적으로 죽은 자들이다. Werk van Heilige Geest. 제4장. 21.

거듭난 사람은 정치 영역을 포함한 그의 정서와 사상 속에 예수 그리스도의 새 생명을 온전히 침투시키는 사람이다. Standaard. 1874.10.23.

중생 된 뒤에는 하나님의 영광을 위해서 회심이 따를 필요가 있다. 그리고 교회는 말씀 전파를 통해서 이 회심을 도와야 한다. Calvinism.

중생한 사람 속에는 섬광이 일어난다. 때문에 회심한 사람 속에서만 그 섬광의 환한 불길을 일으킨다. Calvinism.

중생은 성령의 본질적 사역이다.　　　　　Nabij God te zijn. Chap III. 9.

하나님은 우리를 그 말씀에 의해 중생케 하신다.

Nabij God te zijn. 제4장. 12.

중생에는 사람의 협력이 전혀 없고, 부르심에 있어서 인간의 협력이 시작되고, 회개에 있어서는 인간의 협력이 유효한 사실이다.

Nabij God te zijn. 제5장. 29.

부르심과 중생은 동시적이므로 하나인 것으로 보인다.

Nabij God te zijn. 제5장. 28.

성령께서는 중생 된 자의 의식과 의지 속에 심어 준 성향과 행동 양식으로 말미암아 중생 된 자는 그리스도를 영접할 수 있게 된다.

Nabij God te zijn. 제7장. 40. 구원받은 죄인에게만 있는 신앙.

중생 된 사람은 하나님의 자녀이기 때문에 중생 되지 못한 자와 같지 않다. 또한 중생되지 못한 자 역시도 의도적으로 눈을 감아 버린다. 그러나 한 작용이 그에게 작용하고 있으니 그의 눈을 회복시키는 것이다. 그런 까닭에 그는 이제 볼 수 있다.　　　　Nabij God te zijn. 제7장. 38.

중생은 성령님의 개별적인 사역에 속한 것이므로 우리는 교회 안에 있는 성령님의 사역을 생각해야 한다.　　　　Nabij God te zijn. 제10장. 36.

회개할 때 새 생명을 얻지 않고는 참된 신앙을 가질 수 없으며, 중생 안에서 하나님의 형상을 닮은 창조 당시 본래의 특성이 다시 살아나게 된다. Nabij God te zijn. 제12장.

중생한 사람과 중생하지 못한 사람은 서로 같을 수 없고 공존할 수도 없다. Calvinism VI.

성령님은 중생의 사역자요, 회개와 칭의와 성화의 모든 단계 또는 구원의 영화와 구속받은 모든 축복의 사역자이다.
Het Werk Van Heilige Geest. p.186.

중생자와 비중생자는 근본적으로 서로 다른 마음을 갖고 있기에, 그 둘은 사물을 인식하고 판단하는 데도 서로 반대되는 입장을 갖고 있다. 때문에 이 땅에는 두 종류의 인간과 두 종류의 학문이 있을 뿐이다.
Encyclopaedie der Heilige Godgeleerelherd. 1894. II. p.101.

거룩

아름다움을 사랑하는 사람은 추한 것을 증오하고, 조화를 사랑하는 사람은 부조화를 증오한다.
Nabij God te zijn. Chap II. 28.

사람이 회심하게 되면 회심한 후에는 온 마음으로 거룩한 것에 열중하고, 모든 면에서 전과는 다르게 행동한다. 그래서 그는 자기 속에서 과거가 단절되고 새로운 생활이 시작되었다는 것을 느낀다.
Nabij God te zijn. 제75장.

죄가 하나님께 대항하기 때문에 죄와 싸울 때만 여러분의 싸움이 거룩하고 고귀한 성격을 띠게 된다.
Nabij God te zijn. 제95장.

겸손

성경은 하나님 앞에서 인간은 아무것도 아니라는 견해를 가르친다. 따라서 인간은 오직 하나님을 통해서만 새로운 존재가 되는 것이다.

Nabij God te zijn. Chap Ⅰ. 9.

우리 영혼은 삼위일체 하나님 앞에서 자신이 하염없이 하찮다는 것을 느끼며, 자신이 아무것도 아니고 그보다도 못한 것을 알게 된다.

Nabij God te zijn. 제81장.

참된 기도는 언제나 깊은 겸손으로 옷 입는다.

Nabij God te zijn. 제81장.

경건

참된 경건은 하나님의 위엄의 빛을 받고 꽃이 핀다.

Nabij God te zijn. 제12장.

경건이란, 어린아이와 같이 목말라 하면서 살아계신 하나님만을 바라보는 것이다.

Nabij God te zijn. 제25장.

응답을 기다리는 사람은 언제나 경건하게 기도하는 사람이다.

Nabij God te zijn. 제59장.

▲ 카이퍼의 명상록 『하나님께 가까이』

죄가 하나님께 대항하기 때문에 죄와 싸울 때만 여러분의 싸움이 거룩하고 고귀한 성격을 띠게 된다.
Nabij God te zijn. 제95장.

하나님과의 교제가 생활에서 일상적인 현실이 되게 하는 일을 성직자는 할 수 있고 일반 성도들은 할 수 없다는 생각에 나는 반대한다.
Nabij God te zijn. 제98장.

경건한 생활을 하려는 모든 사람은 박해를 받는다.
Practeik der Godzaligheid. p.91-92.

우리는 그리스도와 함께, 그리스도를 위하여, 그리스도의 지도 아래 싸워야 한다. 그것이 그리스도인의 경건이고 영적 전쟁이다.
Practeik der Godzaligheid. p. 58.

경건의 연습

국가의 직무 뿐만 아니라 삶의 모든 영역에서 그리스도인들은 예수 그리스도의 군사로서 믿음의 싸움을 싸우기 위하여 부르심을 받았다.

Practijk Der Godzaligheid

혹자는 '그리스도인은 정치에 참여하지 말아야 한다'는 생각을 하는 사람들이 있다. 그래서 그들의 태도는 '정치 문제는 세상에 맡겨 두자'는 것이다. 그러나 그것은 개혁자들의 생각도 아니고 개혁자들의 실제 생활도 아니다. 다시 말해서 도피주의적 경건과 명상의 생활은 하나님께 순종하는 것이 아니다.

Practijk Der Godzaligheid

만일 정부가 하나님의 말씀이 금하시는 것을 요구하거나 명령할 때 우리는 순종하지 말아야 한다.

Practijk Der Godzaligheid

독재 정권을 지지하고 고무시키는 자들은 만군의 하나님을 대적하는 반역자들이다.

Practijk Der Godzaligheid

인간의 거룩함은 하나님이 심어준 경향을 따라야 한다. 즉 그 자신의 취향이 아니라, 하나님의 이름을 위해서, 하나님이 사랑하는 것을 사랑함으로 그의 전 존재를 감동시키는 것이다.

Nabij God te zijn. Chap Ⅰ. 5.

하나님은 여러분 모두의 사업의 중심이시고 여러분을 함께 묶는 끈이시다. 이때는 마음의 경건한 기분만 있는 것이 아니라, 경건한 생활이 있고, 경건한 목적과 협력이 있다. Nabij God te zijn. 제65장.

▲ 카이퍼의 수상 시절에 찍은 유일한 칼라 사진

경제적 착취

국가적 이익이나 개인적 유익을 떠나서, 인도네시아에 대한 경제적 착취는 당장에 그만두어야 한다. 또한 마약의 소비나 유용은 반드시 근절되어야 하고 학교는 개선되어야 한다. 그리고 인도네시아의 수백만 명의 도덕 훈련과 지위 향상은 적극적으로 추진되어야 한다.

식민지 문제의 국회 연설. 1874.11.11.

부지런히 일하고도 자신과 가족을 위한 빵을 얻지 못하는 것은 하나님의 뜻이 아니다. 하나님께서 자신의 사랑으로 모든 풍부한 것을 우리에게 내어 줌에도 불구하고, 우리의 죄악으로 그 풍요를 너무나도 불공평하게 분배해서 어떤 이는 빵이 넘치고, 어떤 이는 주린 배를 잡고 움막으로 사는 것은 용서할 수 없다.

Christianity and Class Sturuggee. 팸플릿

고난

시련을 통한 기도는 우리를 더욱 성장케 하고 우리의 믿음을 더 왕성하게 한다. 그리고 우리의 기도는 하나님을 믿는 성도로서 도달해야 할 완전한 수준에 도달하게 되어 하나님의 보좌에 상달 된다.

Nabij God te zijn. 제5장.

우리는 많은 고난 없이 하나님의 나라에 들어갈 수 없다.

Practeik der Godzaligheid. p.91.

경건한 생활을 하려는 모든 사람은 박해를 받는다.

Practeik der Godzaligheid. p.91-92.

고난이 주는 유익

고난이 사람을 온전케 하고 진실하게 만드는 것은 오직 그 마음에 하나님의 은혜에 대한 지식이 있기 때문이다. 그러나 세상의 거듭나지 않은 자녀에게는 그런 일이 없다.　　　　　　　　　Nabij God te zijn. 제49장.

고난 가운데 있을 때, 오히려 더 놀라운 믿음의 힘을 드러낸다.
　　　　　　　　　　　　　　　　　　　　Nabij God te zijn. 제74장.

하나님께서는 고난을 거룩한 치료제로 사용하신다.
　　　　　　　　　　　　　　　　　　　　Nabij God te zijn. 제84장.

공산주의자

오늘날의 허무주의자와 공산주의자는 정의와 공정의 원리가 없어졌다.

Nabij God te zijn. Chap Ⅰ. 14.

공화국 제도

칼빈은 개인적으로는 공화국 제도를 좋아하지만, 군주 정치를 신적이고 이상적인 형태인 것처럼 편들어 말한 적이 없다. 칼빈은 "죄 때문에 정부라는 기구적인 제도가 필요한 마당에서 많은 사람들이 상호 통제하고 협력하는 공화제가 바람직하다"고 했다.

Calvinism. Ⅲ.

관계

칼빈주의는 근본적으로 3가지 관계들을 명백히 세운다. ① 하나님과의 관계, ② 사람에 대한 관계, ③ 세상에 대한 관계인데, 하나님과 우리와의 관계를 특별히 해석하는 것으로 출발한다.

Calvinism.

칼빈주의는 모든 인간 존재에 대해 예리하게 규정된 3가지 근본 관계들, 곧 하나님과 인간과의 관계, 인간과 인간과의 관계, 인간과 세상과의 관계를 시발점으로 삼는다.

Calvinism.

▲ 카이퍼의 각종 연설문 팸플릿

교리

기독교는 교의를 소유해야 한다. 왜냐하면 비교의적 기독교는 기독교가 아니기 때문이다. 따라서 교의(교리)가 없는 기독교는 거짓이다.

1901. 내각 회의.

교리적 고백만 중시하면 삭막한 정통주의에서 영혼은 고갈하고 만다. 마찬가지로 교리적 교범을 명백히 알지 못한 채 영적인 감성만 내세우면 병폐적 신비주의 늪에 빠지고 만다.

Nabij God te Zijn, 서문. 1908.

"교리가 아니라 생활이다"라고 외치는 것은 어리석은 것이며, 믿을 수 없는 것이다.

Nabij God te zijn. Chap Ⅰ. 1.

우리의 선조들은 성경과 신앙 고백에서 언약의 교리를 강조하였다. 그것은 행위 언약과 은혜 언약이다.

Nabij God te zijn. Chap Ⅲ. 10.

교만

모든 죄 가운데서 교만은 가장 저주받은 것이다. 왜냐하면 교만은 첫 번째 계명의 위반이기 때문이다.　　　　　　Nabij God te zijn. Chap Ⅰ. 11.

하나님과 동등하려고 하는 것은, 피조물의 본질적인 죄이다.
　　　　　　　　　　　　　　　　Nabij God te zijn. Chap Ⅰ. 5.

오만한 군주는 세상의 소망인 메시아를 예비하는 하나님의 교회를 죽음의 공포로 몰아넣었다.　　　　　　Nabij God te zijn. Chap Ⅱ. 33.

교만한 자부심은 모든 신앙의 뿌리를 갉아 먹는 근육병이다.
　　　　　　　　　　　　　　　　Nabij God te zijn. 제15장.

교육

교회는 많은 빈곤자들로 가득한 큰 저택이라 할 수 있다. 그러므로 많은 것들이 효과 있게 되도록 교육해야 한다. Nabij God te zijn. 제10장. 36.

교육의 영역은 정부의 통제로부터 자유로워야 한다.
1880.10.10. 뿌라야 대학교 창설 메시지. Souvereiniteit in Eigen Kring

진화론적 세계관이 국립대학의 학문적 경향을 지배하고 있는데 이대로는 안 되고, 대학 교육에 기독교적 세계관 교육이 필요하다. 왜냐하면 기독교 세계관과 비기독교 세계관 사이에는 근본적 대립이 있기 때문이다. 1904.11.3. 카이퍼가 의회에 고등교육법을 제안하면서

바른 교육 특히 칼빈주의적 세계관을 가진 교육은 획일적인 유물주의 교육관과 투쟁해야 한다. Souvereiniteit in Eigen Kring, 1880. 총장 취임 연설.

교회

개혁교회는 개혁주의적, 민주주의적, 자율적 그리고 자립적이어야 한다. 그리고 교회는 반드시 3가지가 잘 구조적으로 잡혀 있어야 한다. 즉 말씀의 목회, 예배의 목회, 선교와 박애의 목회가 있어야 한다.

Confidence. 1873. p.114.

칼빈에게 있어서 교회는 신앙을 고백하는 개인들 자신들 속에 발견된다. 그리고 하늘에 속한 눈에 보이지 않는 진정한 교회는 지상 교회에서 그 모습을 드러내야 한다. 그렇지 못하면 하나의 공회는 될지 몰라도 교회는 아니다.

Calvinism.

진정으로 본질적 교회는 그리스도의 몸이며 그리스도의 몸으로 언제나 존재한다. 그리고 그 몸의 지체들은 중생한 사람들이다. 따라서 지상 교회는 그리스도와 연합되고 그리스도 앞에서 경배하며 말씀대로 살아가며 그의 규례를 고수하는 자들로만 형성된다.

Calvinism.

아가서는 그리스도의 교회에 대한 사랑을 잘 묘사해 주고 있다. 그는 신부를 기다리는 신랑이다. 이 신부는 하나님께서 주시는 신랑의 사랑을 애타게 기다리고 있다.

Nabij God te zijn. Chap II. 22.

진리의 기둥과 터인 교회에 위탁된 성령의 선물인 성경이라는 형태로 기록하게 하셨다. Nabij God te zijn. 제4장. 16.

성경은 성령님의 주요 예술품이라는 것과 성령께서 성경을 교회에 주셨고, 교회에서는 성령께서 성경을 그의 도구로 사용하신다는 것을 강조하여도 지나치지 않다. Nabij God te zijn. 제4장. 13.

성령님이 교회에 맨 먼저 참되게 오심은 오순절에 있었던 일임을 성경은 우리에게 가르치고 확신시킨다는 것은 의심 없는 일이다. Nabij God te zijn. 제7장. 24.

교회의 왕이신 예수님에 의해 임명된 사도들은 성령님에 의해 더욱 생명력을 얻게 된 것이다. Nabij God te zijn. 제9장. 33. 신약 성경.

교회는 휴식이 허용되지 않는다. 사탄은 그리스도의 승리를 거부하면서 자기의 승리의 때가 결코 많이 남았다고 생각하지 않는다. Nabij God te zijn. 제10장. 37. 영적 은사들.

교회 정치가 의미하는 것은, 첫째 왕 되신 예수님이 제도를 세워서 직분자들 곧 목사를 세웠다. 둘째 교회는 무조건 그리스도의 말씀이라는 근본법에 복종하는 일이다. 셋째 교회 정치는 성령님이 회중에 오셔서 직접적으로 판결을 하시는 것이다. Nabij God te zijn. 제10장. 39.

그리스도는 주(主)이시고 영혼의 주님이실 뿐만 아니라 전체 교회의 주님이시다. 그리고 교회는 영적인 면에서는 보이지 않는 교회요, 현실적인 세계에서 볼 때는 보이는 교회이다.
Nabij God te zijn. 제10장. 39.

교회는 가견 교회(visible church)나 불가견 교회(invisible church)가 다 하나이다. 때문에 지상의 그리스도의 교회는 보이는 동시에 보이지 않기도 한다.
Nabij God te zijn. 제10장. 39.

교회는 하나님이 제정하신 기구요 그리스도의 몸이다. 때로는 교회가 사람들로 인하여 파괴가 되고, 분열되어 중풍 병자같이 피폐하여도 역시 거룩한 주 예수 그리스도의 몸이다.
Nabij God te zijn. 제10장. 39. 교회의 정치.

교회가 믿음을 규정하는 일에만 너무 열성을 보였을 때, 교회는 영적인 불꽃이 없는 냉냉하고 무익한 지성주의에 빠졌다.
Nabij God te zijn. 제72장.

누가 선교사를 보내야 하는가? 조직된 제도적 교회이다. 또한 교회는 누구를 파송해야 하는가? 교회의 아들과 딸이다. 그렇다면 교회는 선교를 고귀하고 위력 있게 하는 유일한 목적은 무엇인가? 진실로 이교도의 회개, 영혼의 구원 그리고 교회의 증가가 그 고귀한 목적이다.
화란 개혁주의 선교협회 연대 선교 축제. 1871.9.6.

교회는 성도들의 뜻보다 하나님의 뜻을 따라야 한다. 왜냐하면 교회의 근원을 통제하는 구속력은 인간의 선택이 아니라 하나님의 말씀이기 때문이다.   Lecture on Calvinism. p.13.

교회는 그리스도의 절대적 지배를 받는 엄격한 영적 군주국이다. (The Church in a strictly spiritual monarchy kingdom under the absolute kingship of Christ)

Lecture on Calvinism. p.18.

교회에는 등급이 있는 것이 아니라 모두가 그리스도 안에서 동등하고 예수 그리스도만이 교회의 머리이시다.   Lecture on Calvinism. p.20.

▲ 베이스트 교회의 현재 모습. A. 카이퍼가 26세의 나이에 처음으로 목회했던 교회

교회 개혁

우리가 반드시 교회 개혁과 새로운 교회 건설을 추진해야 하지만, 어떤 경우에도 성령 하나님께서 우리에게 계시하실 보다 순수한 형식과 보다 고상한 건축학적인 양식에 따라서 전통적인 방법으로 시행되어야 한다.

우트레흐트 교회 위임 설교. 1860.11.10.

교회 개혁은 기독교적으로 비진리에 항거적(protestant)인 교회가 되어야 할 뿐 아니라 날마다 개혁되어야 한다.

암스텔담 새 교회 취임 설교. 1870.8.11. Amsterdam.

교회와 국가

나의 일생의 목적은 교회와 국가 안에 존재하는, 불신앙의 공격으로부터 기독교 신앙을 방어하는 것이라고 썼다. 개혁파의 사상적 기반 위에서 총체적 기독교 대안을 현실화시키기로 굳게 결심했다.

1873. Confidence. 팸플릿.

구속 사역

구속의 사역은 성령의 사역뿐만 아니라 성부와 성자의 사역이 포함된다.

Werk van Heilige Geest. 제3장. 17.

구속의 사역은 엄밀히 볼 때 성령론만을 취급하는 것이 아니라, 탁월한 영광으로써 구속 사역 안에서 삼위일체 하나님의 왕적 위엄이 비치고 번쩍이는 것이다.

Werk van Heilige Geest. 제3장. 예비적 은혜. 17.

성령님은 성부 하나님이 영원 전부터 성도를 예정하사 부르게 하고, 성자께서는 그들을 구속하게도 하셨으니, 성 삼위는 성도들에게 빛을 밝게 하였고, 내면적 어두움에 불을 붙게 하시며, 하나님의 모든 교회가 성부와 성자께 영원토록 희생적 사랑과 충성을 바치도록 하시는 것이다.

Nabij God te zijn. Chap III. 43.

성령의 사역은 다시금 성부로부터 우리의 구속 사역이 진행되고, 성자 안에서 연합되고, 성령께서는 우리에게 이러한 연합과 거룩한 교제의 개념과 의식을 주시는 것이다.

Nabij God te zijn. Chap III. 43.

설교할 때 설교자는 성경의 상징적인 것이나 교훈적인 것에만 매달려서는 안 되며, 성경 전체에 흐르는 하나님의 위대한 구속사의 흐름을 관찰

해야 한다. De Heraut No. 908.

신구약 전체의 흐름은 예수 그리스도를 중심으로 움직이고, 그리스도 중심의 축이 곧 하나님의 구속사의 핵(Core)이라고 할 수 있다. 그러므로 설교자는 성경 계시의 중심으로서 그리스도를 볼 줄 아는 눈이 열려야 한다. De Heraut No. 935. 24. Nov. 1895.

그리스도의 구속 사역(Verlossingswerk)은 하나님의 은혜에서 출발한다.
Genade particular. p.69.

성경의 흐름을 구속사적으로 살펴보면 성경은 실제로 특별 은혜를 가르친다. Genade Gratie. p.93.

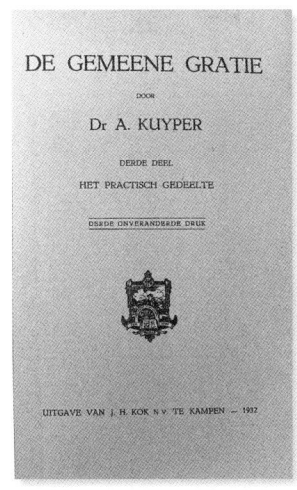

▲ 카이퍼의 각종 연설문 팸플릿

구약과 신약

구약 성경이 먼저 나타났고 그다음에 말씀이 육신이 되어 오셨고 그 후에 오직 신약 성경이 생긴 것이다.

Nabij God te zijn. 제4장. 영감(inspiration) 16.

신약의 모든 보화가 비록 처음에는 씨앗의 형태로 있었지만, 이미 오래전 구약에 맡겨져 있었다는 것을 발견하게 된다.

Nabij God te zijn. 제108장.

복음은 베들레헴에서 처음 나온 것이 아니라 이미 낙원에서 선포되었다. 그러므로 우리가 하나님의 은혜의 복음이 사도들과 함께 시작된 것으로만 생각한다면, 그것은 모세와 선지자를 다 같이 잘못 아는 것이다.

Nabij God te zijn. 제108장.

구원론

칼빈주의는 구원론적으로 기울어져 믿음으로 의롭다 함을 얻는 것만을 지배 원리로 삼지 않는다. 오히려 우주론 곧 광범위한 의미에서 온 우주가 눈에 보이든 보이지 않든 온 우주의 영역과 범주를 장악하고 계시는 삼위 하나님의 주권성을 지배 원리로 삼는다. Calvinism. Ⅲ.

구원은 하나님의 주권적 은혜로만이 얻어졌으며, 얻어지는 것이요, 언제나 얻을 수 있다. Nabij God te zijn. Chap Ⅰ.

'구원에 이르는 회개'는 일생에 단 한 번 있는 일이요, 이런 류의 회개는 결코 반복해서 일어나지 않는다. Nabij God te zijn. 제5장. 29.

구원의 은총은 성령의 내적 작용으로, 성령님은 오늘날 우리들의 경우와 같이 아브라함의 경우에서도 신앙의 조성자였던 것이 분명하다. Nabij God te zijn. 제7장. 25.

우리의 구원의 확신은 성경으로 진리를 파수하고, 그리스도를 믿음으로 하나님의 사랑 안에 사는 것이다. Nabij God te zijn. 제7장. 41.

칼빈은 "구원에 이르는 신앙의 대상은, 성경에 언급한 중보자 외에는 결코 아무도 없다"고 말하였다. 따라서 우리는 구원에 이르는 신앙의 대상을 조건 없이 받아들여야만 한다. 또한 구원에 이르는 신앙은 죄인에게 필요한 것이니 그들이 죄인 된 한에서는 구원에 이르는 신앙을 가져야 한다.
Nabij God te zijn. 제7장. 37. 성경에서의 신앙.

성령의 사역으로 말미암은 구원은 하나님의 영원한 주권적 은혜로 얻어졌다.
Werk Van Heilige Geest. 1888. p.11.

구속의 사역은 성령의 사역일 뿐 아니라, 성부와 성자의 사역이 더욱더 포함된다. 즉 삼위일체 하나님의 자비한 사역을 본다.
Het Werk Van den Heilige Geest. p.111.

하나님 자신만이 택자를 알고 계시니 교회가 '유아에게는 영적 생명이 없다'라는 독단적 선언을 결코 해서는 안 된다.
Calvinisme and confessional Revision. 1891. p.388.

그리스도의 구속 사역(Verlossingswerk)은 하나님의 은혜에서 출발한다.
Genade particular. p.69.

사탄과의 싸움은 이미 그리스도의 승리로 판가름 났다. 그 증거로 그리스도께서는 3일 만에 다시 살아나셨고 우리는 그를 믿음으로 구원에 이른다.
Keep the Solemen Feasts. p.299.

국가

국가는 국민을 위한 정책을 추진하는 데 있어서 이웃 사랑의 원리를 실천할 책임이 있다.   1902. 카이퍼의 각료 발언 중.

국가는 자기 자신을 위한 것이 아니라 다른 영역을 위해서 존재한다. 그러므로 국가가 학문의 영역에 대해 이래라저래라 간섭해서는 안 된다.
    Souvereiniteit in Eigen Kring, 1880. 총장 취임 연설.

각 영역 주권의 근원은 국가가 아니고 하나님 자신이다. 만약 영역 주권이 없다면 국가는 무한한 절대 권력을 갖게 된다. 그렇게 되면 국민의 생활 방식, 그들의 권리, 양심 심지어 신상까지도 국가가 결정하게 된다.
    Souvereiniteit in Eigen Kring, 1880. Vrije Universteit 총장 취임 연설.

하나님의 영광을 위해 노래하는 일도, 악기를 연주하는 일도 하지 않는 기독교 국가는 스스로 약해진다.   Nabij God te zijn. 제61장.

양심을 매장당한 사람들로 구성된 나라는 벌써 그것만으로도 국가의 힘을 상실하고 있는 셈이다.   Calvinism. III.

국가의 직무 뿐만 아니라 삶의 모든 영역에서 그리스도인들은 예수 그리스도의 군사로서 믿음의 싸움을 싸우기 위하여 부르심을 받았다.

Godzaligheid

기독교 윤리는 하나님을 사랑하고 이웃을 사랑하는 계명에 기초하고 있다. 따라서 국가는 하나님을 영화롭게 하기 위해 노력해야 한다.

1902.12.4. 카이퍼의 의회 연설.

국가의 통치권

국가의 통치권은 개인을 보호해 주고 가시적 영역에서 상호 간의 관계를 분명히 해주는 것이다. 그러나 국가가 모든 전권을 다 가진 것처럼 명령하고 강제로 통치하는 것은 잘못이다.

Souvereiniteit in Eigen Kring, 1880. 10. 20.

국민

하나님의 법의 기준은 국민들에게 적용되어야 하고, 국민들은 왕과 정부로부터 독립된 의회를 통해서 신성한 주권을 합법적으로 주장할 수 있어야 한다.   1896. 국회에서 선거법 개정 법률안을 발의하면서

권리

노동자들에게 파업할 권리가 있다는 것을 인정한다. 그러나 협약을 파기하는 것은 인정할 수 없다.   1902.3.11. 카이퍼의 의회 연설.

그리스도와의 연합

그리스도와 성도의 연합은 불가견적 연합이다.
Werk van Heilige Geest. 제4장. 26.

신자와 그리스도와의 연합은 신앙이 태동 되는 순간부터 존재한다.
Werk van Heilige Geest. 제4장. 26.

성령님께서 그 활동에 행동하도록 역사하실 때에만 실제적 신앙을 산출할 뿐이요, 우리 안에서 회개가 그리스도와의 연합을 형성함은 주관적으로 성취하는 것이다.
Werk van Heilige Geest. 제4장. 26.

성경이 말한 표현 즉 예수님은 죽으시고 부활하셨으며, 우리가 그리스도와 함께 죽고 함께 그 안에서 살리심을 받았다는 것은, 형식적이거나 은유적인 말이 아니라 진실한 표현이다.
Werk van Heilige Geest. 제4장. 26.

칼빈은 개혁주의자들 중에 가장 엄격한 한 사람이며, "주님과의 영적인 연합은 성령의 불로 그에게 끊임없이 임하는 것이다"라고 했다.
Werk van Heilige Geest. 제4장. 24.

나는 그리스도를 나의 보증인, 중보자, 선지자, 제사장, 왕이라고 인식하고, 이런 예수를 나의 예수가 되게 하지 않고는 달리 행복한 시간이 불가능하리라는 판단에서 내 영혼이 그리스도와 접촉하게 된다.

Nabij God te zijn. 제7장. 41.

중생 된 자는 예수에게 연합된 자이며, 비중생자는 이러한 연합이 없는 자이다. 또한 중생 된 자는 언제나 믿는 것이 아니라 믿을 수 있는 것뿐이다. 그러나 중생 되지 않은 자는 믿게 될 수 없으며, 그는 하나님의 생명과 스스로 연결될 수 있는 값진 하나님의 선물을 의도적으로 파괴한다. 다시 말해서 그에게 볼 수 있는 눈을 주셨으나 그는 고의로 자신 스스로 눈을 감아 버린다.

Nabij God te zijn. 제7장. 38.

영혼이 하나님께 가까이함과 그리스도와의 신비한 연합은 함께 간다.

Nabij God te zijn. 제86장.

그리스도는 우리를 자기 백성들에게 연합시키신 우리의 왕이시고, 우리는 그의 신민이 되고, 어느 날 우리는 그의 왕궁에 있게 될 것이다.

Nabij God te zijn. 제92장.

그리스도의 군사

국가의 직무 뿐만 아니라 삶의 모든 영역에서 그리스도인들은 예수 그리스도의 군사로서 믿음의 선한 싸움을 싸우기 위하여 부르심을 받았다.

Practeik der Godzaligheid

그리스도의 몸

선택된 자들은 그리스도를 머리로 하여 한 몸을 형성한다. 이러한 몸은 그리스도를 영접할 때 비로소 존재가 시작된다.

Nabij God te zijn. 제7장. 25.

진정으로 본질적 교회는 그리스도의 몸이며 그리스도의 몸으로 언제나 존재한다. 그리고 그 몸의 지체들은 중생한 사람들이다. 따라서 지상 교회는 그리스도와 연합되고 그리스도 앞에서 경배하며 말씀대로 살아가며 그의 규례를 고수하는 자들로만 형성된다.

Calvinism.

그리스도의 부활

그리스도의 부활은 선택된 자들에게 칭의를 주신 것이고, 갈보리 산상의 예수님의 희생은 선택된 자를 위한 것이라는 뜻이다.

Werk van Heilige Geest. 제3장. 17.

삼위 하나님이 그리스도를 죽은 자 가운데서 일으키셨다. 그리고 성령 하나님께서는 그리스도의 부활에서 특별한 사역을 하셨고, 성령님의 그리스도 안에 거하시는 이러한 사역은 안에서 일어나는 것이다.

Nabij God te zijn. 제6장. 23.

예수는 오직 그의 부활에서만 그가 의로우심이 회복된 것이요, 이로 말미암아 예수는 우리의 의로우심으로 인정되셨다.

Nabij God te zijn. 제6장. 31.

그리스도의 인성

하나님의 생명을 소유하고 출생하셨기에 예수의 인성은 잠시라도 성령님이 동거치 않으면 존재하실 수 없었다. Nabij God te zijn. 제6장. 23.

예수님의 인성 안에는 성령님의 사역과 영향과 조력 및 인도는 공백이 없이 완전하였다. Nabij God te zijn. 제6장. 21.

그리스도는 성령에 의해 잉태되었으니 그리스도의 인성은 처음부터 능력으로 풍부히 수여되었다. Nabij God te zijn. 제6장. 21.

성경은 그리스도의 인성이 성장한 것에 옳게 가르치고 있다. 예수께서 키가 자라고 지혜가 자라가며 하나님과 사람에게 더 사랑스러워 가시더라고 기록하였다(눅 2:52). Nabij God te zijn. 제6장. 20.

그리스도의 재림

성령을 부어주심은 그 재림의 크고 놀라운 날의 도래를 보증하는 일종의 큰 사건이다.   Nabij God te zijn. 제7장. 27.

자유주의가 아니라 십자가이고, 주 예수여 오시옵소서!이다(Maranatha). 이 두 연설은 예수 그리스도의 십자가 사건과 그의 오심 사이를 살아가는 그리스도인들은 반드시 정치에 참여해야 한다는 것을 말하고 있다.
                                              1889.5.3. Anti-Revolution Party 연설.

요한계시록 4장에서 22장 전부는 예수 그리스도의 재림(parousia)를 가리키는 예언으로 되어 있다. 그러므로 종말의 다가옴을 바라보고 밤낮으로 구세주의 재림을 기대하면서 사는 것이 성도의 삶이다.
                                              The Revelation of St. John. p.39.

그리스도인

국가의 직무뿐만 아니라 삶의 모든 영역에서 그리스도인들은 예수 그리스도의 군사로서 믿음의 싸움을 싸우기 위하여 부르심을 받았다.

Practijk der Godzaligheid

그리스도인의 삶에는 세 가지 단계가 있다.

첫째 단계는 그리스도로 말미암아 마음의 회심과 더불어 시작된다. 이 단계는 미숙한 시기로 하나님의 자녀는 여전히 세상의 속됨에 쉽게 말려든다. 두 번째 단계는 그리스도인은 주님에게 전적으로 의존하기 위하여 세상적인 문제들을 외면한다. 그러나 이런 그리스도인은 잘못된 신비주의에 빠지기 쉽다. 세 번째 단계는 믿는 자들은 심지어 옷 입는 것, 일하는 것을 위시하여 모든 것이 주님으로 말미암고, 모든 삶의 영역에서 주님의 이름이 영광을 받아야 할 것을 깨닫는다.

1887.8.18. 우트레흐트 A.R.P 전당 대회 연설.

인간의 타락 때문에 세상이 어두워지고 죄가 전 분야에 녹아있을지라도, 그리스도인은 여전히 일하라는 하나님의 문화적 명령을 받고 있다.

Practeik van Godzaligheid. 1909.

금식

유일하신 참 하나님을 아는 지식은 다름 아닌 기도로써 부양되고 살찌게 된다. 그리고 기도가 더 친밀해지고 심오해지는 것은 특별히 금식을 통해서이다.
Nabij God te zijn. 제54장.

우리가 한편으로는 금식에서 죽은 형식주의를 반대하지만, 다른 한편으로는 하나님께서 명하신 참된 금식을 실천하는 것이 바른 태도이다.
Nabij God te zijn. 제54장.

역사를 살펴보면 처음부터 금식이 그리스도의 교회 안에서 시행되어왔음을 알 수 있다.
Nabij God te zijn. 제54장.

많은 사람이 금식은 전적으로 필요하다고 믿으면서도 금식이 가져다주는 유익성은 깨닫지 못하고 있다.
Practijk dei Godzaligheid. 1909.

기도

다윗 왕의 애처러운 기도는, "주의 성령을 내게서 거두지 마소서!"였다.

Nabij God te zijn. Chap II. 8.

기도는 은혜를 위한 간구이며, 성령께서 예수 그리스도 안에 있는 은혜의 부요함을 보게 하는 영적인 눈을 보내주셔야 비로소 말할 수 있다.

Nabij God te zijn. Chap III. 42.

성령께서는 성도의 기도가 불완전하며, 성숙 되지 않고 불충분하기 때문에 기도하신다. 그의 기도는 성도가 아직 자신이 마땅히 해야 할 기도를 하지 못하기 때문에 보충적이며 필요한 것이다. 그러므로 성도는 기도하는 데 있어서 훨씬 더 정확하게 기도하는 법을 배워야 한다.

Nabij God te zijn. Chap III. 42.

기도는 나로부터 시작되는 것이 아니라, 나에게서 활동하시는 성령으로부터 오는 것이다.

Nabij God te zijn. Chap III. 41.

기도는 기도하려는 의지에서부터 나오는 것이 아니다. 즉 기도를 하게 하는 것은 우리 자신이 아니라, 우리를 이끄시는 분이 마음에서 기도를 할 수 있게 하시는 삼위일체 하나님이시다.

Nabij God te zijn. Chap III. 41.

기도에 있어서 성령님의 사역은 인간의 창조 사역 속에 성령님의 사역이 있음을 살펴보지 않을 수 없다.　　　　　　Nabij God te zijn. Chap III. 40.

기도는 영원 자존 자에게 말하는 것이므로 하나님 앞에 있는 한 의식이다. 또한 기도의 근거는 우리의 인격 속에 있는 의식과 우리의 영적 존재 속에 자리 잡고 있다.　　　　　　Nabij God te zijn. Chap III. 40.

기도하는 사람은 절대로 냉냉한 마음을 가질 수 없다. 반면에 정신적 발달을 가진 사람 중에서 따뜻한 마음을 찾을 수 있음은 기도로 능력을 찾기 때문이다.　　　　　　Nabij God te zijn. Chap III. 40.

말이 없는 기도는 우리의 영혼을 좀처럼 만족시키기 어렵다. 따라서 단순한 심적인 기도는 필연적으로 불완전하고, 반면에 열렬한 기도는 말씀을 부여잡고 그것을 기도로 표현한다. 사실상 성령은 우리가 번민하여 위안을 갖지 못할 때 우리를 위해 기도해 주신다.

Nabij God te zijn. Chap III. 40.

하나님의 임재를 의식할 때 기도의 특성은 나타난다. 그러나 기도의 근저에 역사하는 성령에 대해 발견하여 각종 기도의 형태를 식별할 필요가 있다.　　　　　　Nabij God te zijn. Chap III. 40.

기도와 찬양은 실재에 있어서 하나이다. 그러므로 큰 소리로 기도하기 위해서 교회는 찬양하지 않을 수 없으니, 기도는 찬양보다 간구에 가까운 것뿐이다. Nabij God te zijn. Chap III. 39.

모세는 시편 90편의 기도에서 간구, 감사, 찬양 그리고 그의 심령에 가득 찬 사상들을 토로하였다. Nabij God te zijn. Chap III. 39.

시련을 통한 기도는 우리를 더욱 성장케 하고 우리의 믿음을 더 왕성하게 한다. 그리고 우리의 기도는 하나님을 믿는 성도로서 도달해야 할 완전한 수준에 도달하게 되어 하나님의 보좌에 상달 된다.
Nabij God te zijn. 제5장.

미련한 기도를 통해 우리는 정화된 기도에 도달하고, 세속적인 기도를 통해서 하늘에서는 이슬로 떨어지며, 보다 높은 차원의 햇빛을 비추는 좀 더 고상한 기도에 이른다. Nabij God te zijn. 제5장.

하늘에 계신 우리 아버지 역시 우리의 심령 속에 기도의 씨앗을 뿌리신다. 그리고 그 기도의 생명이 우리 속에서 자라면 우리 영혼의 기도는 더욱 성숙해진다. Nabij God te zijn. 제5장.

기도하지 않는 철학자들과 먼지와 같이 삭막한 신학자들과는 달리, 여러분은 하나님을 사랑하되 그분과 따뜻하고 천진난만한 교제를 가져라.
Nabij God te zijn. 제5장. 하나님께서 기도를 들어 주실 때

하나님을 사랑하는 사람이라고 기도에 항상 응답받는 것은 아니다.

Nabij God te zijn. 제9장.

하나님과 은밀히 동행하는 가운데 하나님을 알아가는 우리의 지식은 꾸준히 성장하고 기도 생활을 통해 더욱 원숙해진다.
Nabij God te zijn. 제42장.

기도를 그만두면 우리의 양심은 마취제를 마시는 것과 같다.
Nabij God te zijn. 제51장.

우리의 기도에 귀를 기울이시는 분은 살아계신 인격적인 하나님이시다.
Nabij God te zijn. 제55장.

먼저 하나님을 찾고 이제 하나님께 말씀드릴 수 있다는 것을 확인하지도 않고 기도하는 것은 사실상 기도를 어설프게 흉내내는 것에 지나지 않는다.
Nabij God te zijn. 제55장.

기도의 응답은 성도가 기도로 무엇인가를 구할 때뿐만 아니라, 예배드리며, 찬송을 부르거나, 감사를 드릴 때도 구하는 것이다.
Nabij God te zijn. 제59장.

응답을 기다리는 사람은 언제나 경건하게 기도하는 사람이다.
Nabij God te zijn. 제59장.

형식적인 기도에도 기도를 유지하는 힘이 있다. 그래서 형식적인 기도를 계속하다가도 위로부터 오는 불꽃이 이 생기 없는 기도에 갑작스럽게 들어오면 그 즉시 형식적인 기도에서 참된 기도로 불길처럼 일어나게 된다.

Nabij God te zijn. 제59장.

기도하는 사람이 눈을 감는 것은 주변에 보이는 것으로 인해 마음이 뺏기지 않도록 하기 위함이다. 때문에 가능하다면 주변의 소음으로부터 마음이 다른 데로 쏠리지 않도록 귀를 닫아도 좋을 것이다.

Nabij God te zijn. 제77장.

혼자 무릎을 꿇고 기도할 때 말로 소리를 내어 기도해야 한다.

Nabij God te zijn. 제81장.

목소리가 전혀 들리지 않는 곳에서도 말은 없지만, 영혼으로 실질적인 기도를 드릴 필요가 있다. 즉 기도에서 우리 목소리 자체는 아무런 소용이 없다.

Nabij God te zijn. 제81장.

기도의 형태는 끝없이 변하지만, 기도마다 고유의 가치가 있다.

Nabij God te zijn. 제81장.

기도를 시작하기 전에 성경을 읽는 것은, 언제나 우리로 하여금 기도할 수 있게 만들 뿐만 아니라, 영혼을 수반하는 신성한 언어로 기도할 수 있게 하는 수단이다.

Nabij God te zijn. 제93장.

모든 일에서 기도하되 입술로만 기도하지 않고 마음으로도 기도한다.

Nabij God te zijn. 제98장.

기도의 형식이 기도의 성격에 영향을 주는 것이 아니다. 따라서 기도의 근저에 역사하시는 성령으로 말미암아 각종 기도의 형태를 식별할 수 있다.

Het Werk Van de Heilige Geest. p.283.

기도 즉 하나님과의 소통 곧 교제는 우리의 삶을 성화시켜주고 보호해 주는 능력이 있다.

Het Werk Van den Heilige Geest. p.157.

기독교 세계관

진화론적 세계관이 국립대학의 학문적 경향을 지배하고 있는데 이대로는 안 되고, 대학 교육에 기독교적 세계관 교육이 필요하다. 왜냐하면 기독교 세계관과 비기독교 세계관 사이에는 근본적 대립이 있기 때문이다.

1904.11.3. 카이퍼가 의회에 고등교육법을 제안하면서

기독교 세계관은 성경의 계시로부터 파생되어 성격상 인본주의 세계관과 정면 대립한다. 그리고 이 정면 대립은 영구히 존재할 것이며 모든 학문의 세계까지 확장될 것이다. 카이퍼의 수상 때 연설. 고등교육법 제안. 1904.3.11.

기독교 윤리

기독교 윤리는 하나님을 사랑하고 이웃을 사랑하는 계명에 기초하고 있다. 따라서 국가는 하나님을 영화롭게 하기 위해 노력해야 한다.

1902.12.4. 카이퍼의 의회 연설

▲ 정성구 박사의 저서(2010년)

기독교 학문

학문은 삼라만상에 대한 체계적 배움이다. 특별히 기독교 학문은 성경이 증언하는 창조주 하나님에 대한 믿음과 우주의 유기적 통일성에 대한 믿음을 고백한다. 이렇게 하나님은 원 사유자이시기에 인간은 학문을 통하여 하나님의 사유를 반영하지 않으면 안 된다.

1904.2.25. 카이퍼의 의회 연설문

기독교 학문은 신앙의 본질적 성격과 세상 속에 있는 죄의 실제성, 그리고 그리스도 안에서 발견되어지는 구원에 대한 성경의 계시를 인정한다. 따라서 신앙과 불신앙 사이의 근본적 대립은 기독교적 학문과 비기독교적 학문 사이에 공통 영역이 있을 수 없다.

1904.2.25. 카이퍼의 의회 연설문

신학은 칼빈주의적 처방을 요구하는 많은 학문의 분야에 불과하다. 철학, 심리학, 심미학, 법률학, 사회과학, 문학, 심지어 의학, 자연 과학 등이 모든 각 학문은 철학적으로 생각할 때 원리들도 귀착된다.

Calvinism VI.

기준

우리 기독교인들은 두 개의 왕국을 가지고 있습니다. 그래서 우리는 두 왕국 아래서 이중적인 백성으로 살아가고 있습니다. 이 두 왕국을 하나님께서는 우리에게 은혜로 주셨습니다. 그러나 우리의 죄와 허물 때문에 두 왕국이 서로 대립하게 된 것입니다. 때문에 이 대립 속에서 우리는 오직 하나님의 거룩한 말씀의 빛으로 평가되고 판단되어야 합니다.

1887.6.16. 미들벓에서의 히 11장 '믿음의 용사'란 설교에서

"하나님의 말씀이 국민적 실천을 불러 일으킬 수 있는 표준이다." 또한 "성경은 사람에게 하나님이 존재한다는 것을 입증시켜 주는 안경 역할을 하며, 죄의 나락에 떨어지는 창조 세계를 어떻게 이해할 것인지를 보여 주는 안내자"라고 말했다.

Nabij God te zijn. 1872.4.1. Standaard

하나님께서는 말씀하셨다. 우리는 하나님의 말씀 안에서 그 뜻을 이해할 수 있는 하나님의 계시를 소유하게 된다. 이런 기초 위에 여러 원리들이 충돌할 때 하나님의 결정하는 바에 따라 승복해야 한다.

1873.6.7. Standaard

대립

영과 물질, 하나님과 이 세상은 서로 대립 되므로 반드시 구별되어야 한다. 그렇지 않으면 우리는 범신론에 빠져들기 때문이다.

Nabij God te zijn. 제28장.

철과 진흙이 서로 결합 되거나 섞일 수 없듯이 본질상-신앙과 불신앙 사이에서 공유하는-서로 다른 것이므로 영원히 결합되어 나갈 수 없다.

1885.6.30. 헤이그 교회. 다니엘 2:43절을 읽고 설교

우리 기독교인들은 두 개의 왕국을 가지고 있습니다. 그래서 우리는 두 왕국 아래서 이중적인 백성으로 살아가고 있습니다. 이 두 왕국을 하나님께서는 우리에게 은혜로 주셨습니다. 그러나 우리의 잘못, 죄, 허물 때문에 두 왕국이 서로 대립하게 된 것입니다. 때문에 이 대립 속에서 우리는 오직 하나님의 거룩한 말씀의 빛으로 평가되고 판단되어야 합니다.

1887.6.16. 미들벅에서의 히11장 '믿음의 용사'란 설교에서

진화론적 세계관이 국립대학의 학문적 경향을 지배하고 있는데 이대로는 안 되고, 대학 교육에 기독교적 세계관 교육이 필요하다. 왜냐하면 기독교 세계관과 비기독교 세계관 사이에는 근본적 대립이 있기 때문이다.

1904.11.3. 카이퍼가 의회에 고등교육법을 제안하면서

기독교 세계관은 성경의 계시로부터 파생되어 성격상 인본주의 세계관과 정면 대립한다. 그리고 이 정면 대립은 영구히 존재할 것이며 모든 학문의 세계까지 확장될 것이다.

카이퍼의 수상 때 연설. 고등교육법 제안. 1904.3.11.

중생자와 비중생자는 근본적으로 서로 다른 마음을 갖고 있기에, 그 둘은 사물을 인식하고 판단하는 데도 서로 반대되는 입장을 갖고 있다. 때문에 이 땅에는 두 종류의 인간과 두 종류의 학문이 있을 뿐이다.

Encyclopaedie der Heilige Godgeleerelheid. 1894. II. p.101.

▲ 암스텔담 Vrije Universiteit 근대 교회 연구 교수 J. De Brijn의 저서

대학 교육

대학 교육은 영향력 있는 사람들의 세계관을 만들어 낸다.

De Gemeene Gratie in Wetenschaap en Kunst, 1902. p.67.

대학 교육은 정치계, 법조계, 의사, 교사, 작가, 언론, 교육 등 사회 전체에 영향을 미친다. 만약 고등 교육이 불신자들의 손에 모두 점령당하고, 무신론적, 유물론적 세계관에 점령된다면 종교적인 것도 그런 방향으로 달려갈 것이다. De Gemeene Gratie in Wetenschaap en Kunst, 1902. p.67.

▲ 카이퍼가 세운 Vrije Universiteit 전경

돈

돈을 벌겠다는 집념에 사로잡히면 곧 죄의 정욕에 빠지게 될 것이며, 마침내 돈의 종이 되어 모든 신의를 저버리게 된다.

Nabij God te zijn. Chap III.11.

만일 여러분이 진실로 하나님께 복종하면 돈이 여러분을 지배하거나 여러분을 해치지 못하게 될 것이다.

Nabij God te zijn. Chap III. 11.

여러분이 물질의 치명적인 영향력과 매력적인 힘에 대해서 자기 변호를 하려 한다면, 알지 못하는 사이에 여러분은 하나님에게서 멀리 떠나게 되고 결국 자신이 주인이 되어 돈의 지배를 받게 된다.

Nabij God te zijn. Chap III. 하나님께 대해 부요치 않음.

돈 귀신은 우리를 부자로 만들어 준다고 그럴듯하게 유혹한다. 그러나 거기에 말려서 물질의 노예가 되어 버린 사람들이 과연 인생에 있어서 참으로 가치 있는 것들과 더 고귀한 지식을 좋아하겠는가?

Nabij God te zijn. 제7장.

동성애

헬라의 속인(俗人)은 영웅 숭배로 경박하게 놀며, 남창 숭배로써 남자로서 자기 명예를 하락시키고 결국 남색 하므로 짐승보다 더 낮은 자리까지 내려앉았다.

Calvinism.

▲ 카이퍼가 편집장으로 있을 때 발행했던 Standaard (1872-1897) 25주년 기념 포스터

로마 가톨릭

갈빈주의는 심오한 근본 사상을 갖고 있다. 갈빈주의는 이교도처럼 피조물 속에서 하나님을 찾지 않고, 이슬람교처럼 하나님을 피조물과 격리시키지 않고, 로마 카톨릭처럼 하나님과 피조물 사이에 중간 매개체를 두지 않는다. 다만 갈빈주의는 하나님을 피조물 위에 뛰어나 높은 엄위를 계시하면서도, 성령 하나님으로 피조물과 직접 교제하신다는 고차원의 사상을 선포한다.

Calvinism.

로마교는 죄로 인한 전적인 타락을 부인한다. 그리고 이러한 경향은 인간이 전적으로 악하다는 것도 부인한다.

Nabij God te zijn. Chap Ⅰ. 9. 뿌리박힌 성질들.

신앙에 의한 칭의 즉 이신득의(以信得義)는 신앙의 본질이다. 그래서 선도자인 마틴 루터는 이것을 당시에 표어로 삼았다. 그러므로 칭의는 로마 가톨릭의 공적을 쌓는 선행과는 명백히 반대된다.

Nabij God te zijn. 제6장. 30.

로마 가톨릭의 함정

인간론을 기초로 하여 로마 가톨릭 종교가 서게 된다. 그러나 이 체계에 대해서는 두 요점의 문제가 있다. 한편으로는 죄에 대한 개념을 갖지 못하고 있으며, 또 한편에서는 죄에 대한 깊은 성경적 개념을 갖고 있지 못하며, 또한 인간 본성에 대한 한 가치를 평가함으로 실수를 범했다.

Calvinism VI.

로마 카톨릭의 성직 계급 밑에서 교회와 세상이 서로 반목해왔고, 교회는 거룩한 것으로, 세상은 저주 아래 있는 것으로 여기곤 했다.

Calvinis m.

로마교는 죄로 인한 전적인 타락을 부인한다. 그리고 이러한 경향은 인간이 전적으로 악하다는 것도 부인한다.

Nabij God te zijn. Chap Ⅰ. 9. 뿌리박힌 성질들.

로마 가톨릭 교회에서는 신부가 사도들의 계승자라고 생각하여 사도들과의 교제는 로마 교회와의 교제에 달려 있다고 가르치고 있다. 그러나 이는 잘못된 로마 교회의 가르침이다.

Nabij God te zijn. 제8장. 29.

루터

루터의 출발점은 칭의를 얻는 믿음의 특별한 구원론적 원리였다. 반면에 칼빈은 더 광범위하게 하나님의 주권이라는 보편적 우주론적 원리를 출발점으로 삼았다. Calvinism.

루터는 칭의를 주관적 측면, 인간론적 측면에서 취급하였지, 칼빈처럼 객관적이고 우주론적 측면에서는 취급하지 않았다. Calvinism.

루터주의는 교회론적이고 신학적 성격에만 자신을 국한시켰다. 그러나 칼빈주의는 교회의 안과 밖 인생의 모든 각 분야에 영향을 미친다. Calvinism.

칼빈주의는 루터처럼 구원론 쪽으로 기울어져 믿음으로 의롭다 함을 얻는 지배적 원리로 삼지 않았다.

Calvinism Het Calvinisme en de Staatkunde. p.70.

마음

우리의 마음은 성령의 전이며, 하나님 자신은 우리 영혼의 내적 생명 속에 내주하고 계신다.
Nabij God te zijn. 제16장.

마음의 청결은 우리 삶의 전부를 아우른다. 자랑, 교만, 부정직한 습관, 분노, 미움, 거짓, 일반적인 허영과 자아도취를 포함한 그 밖의 많은 악들… 이런 것들이 마음이라는 호수를 더럽히고 흙탕물이 되게 한다.
Nabij God te zijn. 제76장.

하나님의 자녀에게 마음의 청결이란 하나님을 보는 방법이다. 그러나 믿지 않는 사람들에게는 그것이 고상한 도덕적 성품을 떨어뜨리지 않기 위한 수단이다.
Nabij God te zijn. 제76장.

인간의 마음은 수수께끼와 같다. 왜냐하면 끊임없이 따라다니는 죄와 싸우면서도 우리는 동시에 은밀히 그 죄를 품는다는 것이다.
Nabij God te zijn. 제96장.

하나님은 우리 가운데 계시며 온 세상에 거하신다. 또한 우리 마음은 성령 안에서 하나님의 거하실 처소이기에 실질적인 시온이다. 뿐만 아니라 우리 구속받은 사람의 마음은 하나님이 그 안에 거하시는 성전이다.
Nabij God te zijn. 제108장.

맑스주의

그대들은 누구를 선택하겠는가? 맑스인가? 그리스도인가? 이 둘은 절대적으로 양자택일의 문제이다. 철학적 유물론에 기초하고 있는 맑스주의는 계급 투쟁을 그 전술로 이용하고 있다.
1902. 카이퍼의 내각 회의

기독교와 맑스주의는 양립할 수 없다. 이것은 종교적 대립이다.
1902. 카이퍼의 내각 회의 중

▲ 수상으로 선출된 카이퍼를 상징으로 한 그림

맘몬주의

사람을 유혹하기 위해서 돈과 사탄은 힘을 합하여 마침내는 황금 만능주의를 일으킨다. Nabij God te zijn. Chap III. 하나님께 대해 부요치 않음.

돈 귀신은 우리를 부자로 만들어 준다고 그럴듯하게 유혹한다. 그러나 거기에 말려서 물질의 노예가 되어 버린 사람들이 과연 인생에 있어서 참으로 가치 있는 것들과 더 고귀한 지식을 좋아하겠는가?

Nabij God te zijn. 제7장.

한 민족이 이상주의 관념을 갖지 못하면, 그들은 물질주의와 감각주의로 떨어지게 되고 모든 고상한 삶으로부터 단절된다.

Nabij God te zijn. 제7장.

▲ 카이퍼의 수상 취임과 Standaard지 40주년 기념 포스터

모더니즘(Modernism)

"모더니즘"(Modernism) 즉 현대주의 삶의 방식은 포괄적이고 전반적 세계관이 아니고, 자유주의 신학이다. 때문에 '자유주의 신학은 신기루이다.'

Modernism 팸플릿

목회자

신학 공부를 하는 데는 예비 지식과 성경과 서재의 책들과 조용한 묵상의 장소가 필요하다.

Nabij God te zijn. 제31장.

강단에서 외쳐지는 설교는 영적인 것을 변화시킬 뿐만 아니라, 삶을 변화시키는 것에 앞장서야 한다.

Nabij God te zijn. 제31장.

민주주의

민주주의 국가는 힘없는 국민들의 권리를 보호하기 위하여 선거권을 넓혀야 한다. 그리고 모든 사회 계층은 선거를 통하여 국가 정책에 영향을 줄 수 있어야 한다. _{Heraut. 1869.11.5./ Standaard. 1873.6.5.}

먼저 하나님을 바라보고 그다음에 이웃을 바라보는 것이 칼빈주의 추진력이요, 칼빈주의가 취하는 지성과 영성의 관례이다. 이 거룩한 하나님께 대한 두려움과 하나님의 면전에서 연합하여 함께 서는 자세로부터 더 거룩한 민주주의 개념이 발전하였고 끊임없이 그 터가 굳어졌다.

Calvinism.

믿음

믿음은 말씀의 청종과 성령의 작용하심에 의해서 사람에게 역사하고, 중생케 하고, 새사람으로 만든다. Werk van Heilige Geest. 제4장. 23.

믿음은 골방에서 무릎을 꿇는 것이며, 소망은 환상 속에서 하늘나라가 열리는 것을 보게 하고, 사랑은 우리를 다시 세상으로 되돌려 보내어 우리가 다른 사람에게서 받았던 위안의 보물을 다른 사람에게 되돌려 주는 것이다. Nabij God te zijn. Chap Ⅱ. 23.

믿는 심령 또는 '받아들인다'라는 것은 참으로 성령님의 사역임을 알아야 한다. Nabij God te zijn. 제6장. 33.

우리는 성경에 기록된 모든 증거를 믿는다고 말하면 그리스도를 영접함이요, 우리는 예수의 안내를 받아 피난처에 도달할 수 있다. Nabij God te zijn. 제7장. 37.

믿음에 관한 칭호부터 살펴보면 "신뢰하다", "확신하다", "의탁하다"라고 하였다. 또한 믿는다는 것은 "약속을 받아 들인다"는 뜻이다. Nabij God te zijn. 제7장. 36.

믿음은 육체를 따라 아는 것이 아니다. 믿음은 영적으로 보는 것이다.

Nabij God te zijn. 제72장.

믿음을 떠나서는 타락한 세상에 대한 구원은 없으며, 우리의 상실한 마음에 대한 구원도 없다.

Nabij God te zijn. 제72장.

그리스도에 대한 믿음을 능가하는 것은 없다. 따라서 이 믿음과 비교할 수 있는 것은 아무것도 없고, 믿음은 인간의 모든 고안을 훨씬 능가한다.

Nabij God te zijn. 제72장.

믿음과 학문이라는 두 학문적 체계, 두 학문적인 섬세함은 서로 반대되는 것이 아니라 서로 신뢰하는 것이다. 때문에 학문이 신학을 반대한다고 말할 수 없다.

Calvinism VI.

▲ 1988년 10월 17일 한국 칼빈주의 연구원이 주최한 A. 카이퍼 전시회 목록

믿음과 학문

모든 학문은 어느 정도로 믿음으로써 출발하고 오히려 학문으로 인도하지 아니하는 믿음은 잘못된 믿음이거나 미신이다. 따라서 진실하고 참된 믿음은 학문을 유도하여야 한다.   Calvinism VI.

믿음과 학문이라는 두 학문적 체계, 두 학문적인 섬세함은 서로 반대되는 것이 아니라 서로 신뢰하는 것이다. 때문에 학문이 신학을 반대한다고 말할 수 없다.   Calvinism VI.

▲ A. 카이퍼의 수상 재임 시에 신문에 난 삽화

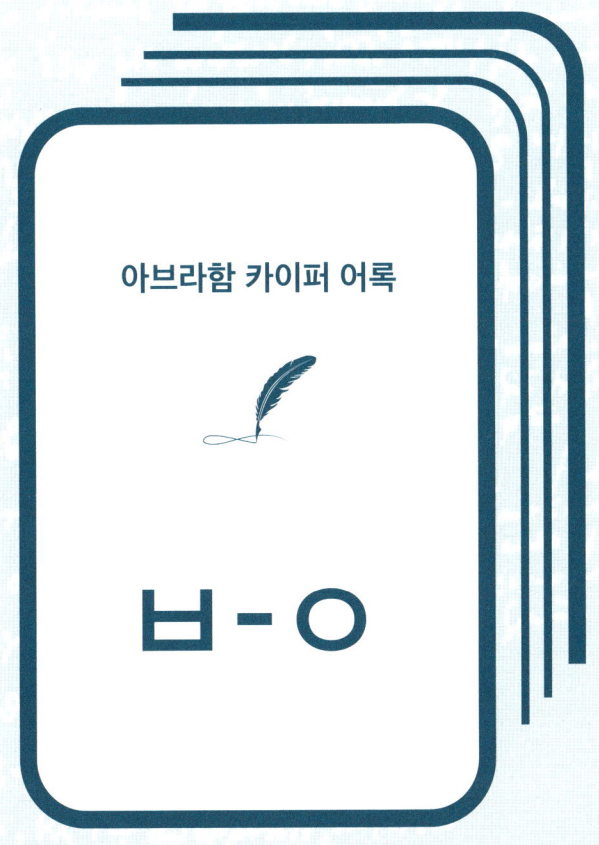

반혁명당

기독교와 인본주의 대립이 분명하기에 반혁명당은 성경의 절대적 권위를 의존하여 서 있었다. 그리고 반혁명당은 성경의 권위를 상대화하거나 거부하는 경향성을 배제한다.
1897. 카이퍼의 선거 캠페인

우리는 내각의 장관 자리를 위해 싸우지 않을 것입니다. 다만 우리는 유권자와 하나님 사이에 윤리적 연대를 강화하기 위해 노력할 뿐입니다.
1901.4.17. A.R.P 반혁명당 전당대회

법

법으로부터 하나님을 삭제했을 때 법에 대한 확실성은 사라지며 법 이론에 있어서 근본적 난제가 발생한다. 법률을 만든 인간은 본질적으로 법에 대한 충분한 기반이 되지 못한다. 성문법보다는 더 상위의 권위가 존재함이 틀림없다.
1902.4.4. 카이퍼의 의회 연설문

복음

칼빈은 복음이야말로 가장 광범위하고 포괄적이고 우주적인 의미로 이해하였다.
Calvinism VI.

복음은 예수 그리스도께서 친히 계시하셨고, 동시에 다른 것은 사도들을 통하여 예수께서 그의 교회에 간접적으로 계시해 주셨다.
Nabij God te zijn. 제9장. 33.

복음 자체는 하나님 아버지께서 우리에게 오셔서 우리와 함께 거하신다는 풍요롭고 영광스러운 생각으로 나타내준다.
Nabij God te zijn. 제10장.

모든 계시는 하나님의 말씀으로부터 시작되기 때문에, 복음은 장차 올 구원의 기쁜 소식이고 선포된 구속의 기쁜 소식이다.
Nabij God te zijn. 제56장.

선지자들이 있었던 이스라엘은 이미 우리와 마찬가지로 같은 복음을 가지고 있었다.
Nabij God te zijn. 제108장.

복음이 가진 이 평범하고 포괄적이고 우주적 의미를 칼빈은 다시 이해했다. 그것도 변증법적인 과정의 결과가 아니라, 칼빈 개인적 삶을 형성했던 이른바 하나님의 영광과 엄위에 대한 깊은 인상의 결과를 이해한 것이다.

Het Calvinesme. p.112

복음과 사회

나는 사회 복음을 전파한 것이 아니라, 복음이 지니는 사회적 의미를 교회의 양심에 설명하는 것이다. 하나의 격리된 사회악과 싸우는 것, 그리고 개인을 구제하는 것은 탁월하지만, 신성한 신앙의 열정을 가지고 사회와 경제적 문제와 씨름하는 것은 조금 다르다.

국회 연설. 1874.11.28.

부르심 (소명)

외적 소명은 전파된 말씀에 의해 되는 것이고, 내적 소명은 성령님의 권고와 확신에 의한 것이다. Werk van Heilige Geest. 제5장. 28.

하늘의 부름(히 3:1), 거룩한 부름(딤후 1:9), 후회하심이 없는 부름(롬 11:29), 하나님의 뜻을 따라 부름(롬 8:28)을 받았다. 또한 그리스도 예수 안에서 하나님이 위에서 부르신 부름(빌 3:14)이라 하였다. 그러므로 그 출발점이 설교로 말미암은 것이 아니라, 부르신 자는 하나님이시지 결코 목사가 아니다. Werk van Heilige Geest. 제5장. 28.

성령님은 말씀을 통해서 죄인을 새사람으로 변케하시는 사역을 하신다. 그래서 내적 소명은 외적 소명과 함께 교제하며, 또한 내적 소명은 외적 소명을 가져온다. Werk van Heilige Geest. 제4장. 23.

국가의 직무뿐만 아니라 삶의 모든 영역에서 그리스도인들은 예수 그리스도의 군사로서 믿음의 싸움을 싸우기 위하여 부르심을 받았다. Practeik van Godzaligheid

우리의 소명은 세상 한가운데 있고, 바로 여기에서 하나님은 영광을 받으셔야 한다. Heraut. 1903.

나의 소원은 "세상의 모든 반대에도 불구하고, 하나님의 거룩한 계명은 사람들의 선을 위하여 다시 가정과 학교와 국가에 건설될 것이며, 성경과 자연이 증거 하는 주님의 계명을 국민의 양심 속에 되새기고, 국민들을 다시 하나님께 경의를 표하게 되리라는 것이다. 나에게 이 거룩한 소명을 빼앗아 가려거든 차라리 내 생명을 거두어 가라!"

1897. Standaard. 사설

인간은 하나님의 형상을 가진 자로서 우주를 하나님의 영광을 위해서 바치라는 소명을 받은 존재이다.

Calvinism.

부르심은 오직 선택된 자에게 국한되며, 이 부르심은 결코 저항할 수도 없고 아무도 숨을 수도 없다. 또한 이러한 부르심이 없이는 어떤 죄인도 미움의 혹독함에서 탈피하여 사랑의 유쾌함에 도달할 수 없다.

Nabij God te zijn. 제5장. 28.

모든 신자에게는 하나님으로부터 받은 하나의 소명이 있다.

Nabij God te zijn. 제10장. 36.

쟁기를 잡고 일하는 농부든, 대학 교육을 받고 잘 갖추어진 서재에서 자신의 연구를 계속하는 목회자이든 각자 자신의 영역에서 하나님이 주신 소명을 따라 일해야 한다.

Nabij God te zijn. 제31장.

귀를 즐겁게 하는 것 이상의 고귀한 소명을 추구하지 않는 예술은, 사람의 정서가 거룩하지 않은 기분을 경험하게 하고, 고귀한 목적 없이 많은 쾌락만을 제공한다. Nabij God te zijn. 제61장.

쟁기로 갈고 씨를 뿌리는 사람이든, 작업대에서 일하는 목수나 석공이든, 혹은 자녀와 가정을 돌보는 어머니이든지, 삶의 어떤 위치에 있든지 간에 언제나 하나님 없이 일해서는 안 되고, 언제나 하나님께 봉사하듯이 일해야 한다. Nabij God te zijn. 제98장.

사람들이 어디에 서 있든지, 무엇을 하든지, 자기 손에 무엇을 쥐고 있든지, 농업이나 상업이나 또한 그의 생각이나 예술계나 과학계나 어디에 손을 대고 있든지, 그런 것이 무엇이든지 간에 사람은 끊임없이 하나님의 면전(Coram Deo)에 서 있어야 한다. Calvinism.

칼빈주의자는 자신을 교회 속에다 가두고 세상을 제멋대로 되도록 내버려 둘 수 없었다. 오히려 칼빈은 이 세상을 더 높은 단계로 발전하도록 촉진할 높은 소명을 가졌다. Calvinism.

부활

영혼의 불멸이 있을 뿐만 아니라 육체의 부활도 있다. 때문에 새 예루살렘의 영광은 영적이고, 보이지 않는 것으로만 구성되어 있어 나타나지 않는다.
Nabij God te zijn. Chap II. 26.

부활에 관해서 성경은 성령의 사역과 관련된 그 이상의 것을 가르치고 있다. '삼위 하나님이 살리실 것이다'라는 것과 부활은 성령님의 특별한 사역의 결과라 할 수 있다. 또한 부활은 우리 안에 내주하시는 성령에 의해 가능하다는 것이다.
Nabij God te zijn. 제6장. 23.

죽음이 없으면 부활이 없을 것이고, 타락이 없었으면 재창조도 없었을 것이다.
Nabij God te zijn. 제51장.

부흥

누가 선교사를 보내야 하는가? 조직된 제도적 교회이다. 또한 교회는 누구를 파송해야 하는가? 교회의 아들과 딸이다. 그렇다면 교회는 선교를 고귀하고 위력 있게 하는 유일한 목적은 무엇인가? 진실로 이교도의 회개, 영혼의 구원 그리고 교회의 증가가 그 고귀한 목적이다.

화란 개혁주의 선교협회 연대 선교 축제. 1871.9.6.

▲ Utredrt 대교회 카이퍼가 목회했던 교회

불란서 혁명

불란서 혁명과 19세기 내에 독일 철학에서 일어난 주도적 사상들은, 다 함께 우리 조상들의 신앙 체계를 정면으로 반대한다. Calvinism. VI.

우리와 우리 자녀들을 위하여 우리는 더 이상 불란서 혁명이라는 우상 앞에 무릎을 꿇어서는 안 되며, 세상의 모든 반대에도 불구하고 우리 선조들의 하나님은 다시 우리의 하나님이 될 것입니다. 1891. Maranatha 연설문

칼빈주의는 인생에 대한 심오하고 진지한 개념 때문에 사회적이고, 윤리적인 끈을 강화시키고 신성하게 하였다. 그러나 불란서 혁명은 그 끈을 풀어 완전히 느슨하게 해버렸고, 인생을 교회로부터 떼어 놓았을 뿐 아니라, 하나님의 규례를, 심지어 하나님 자신에게서 분리시켰다. Calvinism VI.

불란서 혁명의 사상은
① 인간이 하나님의 형상(Imago Dei)으로 지음 받은 것이 아니라, 물질적이고 더 낮은 차원에서 왔다는 개념이다.
② 그들은 하나님의 주권을 부인하고, 사람의 끊임없는 진보의 신비로운 흐름에 자신을 복종시켜야 한다는 개념이다. Calvinism VI.

나는 미국 헌법 전문의 여러 조항들이 결정적으로 민주주의적 관점을 취하면서도 불란서 혁명의 무신론적 입장을 따르지 않고, 칼빈주의적인 하나님의 최고의 주권에 대한 고백을 기초로 삼고 있음을 관찰했다.

Calvinism VI.

"진보주의자 장 자크 룻소(Rousseau)와 그의 작품에서 상당한 힘을 얻었다는 것은 미치광이 짓이고, 불란서 혁명을 미국 혁명과 같은 종류로 취급하는 것은 부당하다. 불란서 혁명은 하나님을 무시하고 반대한다."고 했다.

Calvinism. III.

불란서 혁명을 나타내는 불신앙 운동의 최초의 논문은 「Ni Dieu ni maitre」(하나님도 없고 주인도 없다). 이는 하나님의 주권을 박탈하고 그 대신 자기 의지를 가진 사람을 그 자리에 앉혀 놓았다.

Calvinism. III.

불란서 혁명의 경우처럼 하나님을 제쳐두고 하나님의 전능성의 보좌 위에 사람을 대신 놓아서는 안 된다.

Calvinism. III.

불란서 혁명의 사상은
① 인간이 신(神)의 이상(理想)에서 떠나온 것이 아니라 물질적이고 더 낮은 차원에서 왔다는 개념이다.
② 최고의 권세를 가져야 하는 하나님의 주권을 부인하고, 사람의 끊임없는 진보의 신비로운 흐름에 자신을 복종시켜야 한다는 개념이다.

Calvinism VI.

사도 바울

이스라엘의 12지파를 심판할 자리에는 맛디아가 아니라 사도 바울이 앉을 것이다.
Nabij God te zijn. 제8장. 32.

사도 바울의 서신에서 거룩한 자, 사랑받는 자라고 하는 것은 죄가 없었기 때문이 아니라, 하나님이 그들을 성도라고 부르셨고, 하나님의 거룩하신 영역에 두셨기 때문이다.
Nabij God te zijn. 제8장. 29.

사도 요한

사도 요한은 성령님의 직접적인 영감을 받은 평화와 사랑의 증인이다.

Nabij God te zijn. Chap Ⅱ. 36. 사도적 사랑.

독특한 사도직의 의미는 하나님 왕국의 핵심을 마음 깊이 간직한 것이며, 사도 요한의 계시는 왕국의 어떤 새로운 예루살렘의 비침을 우리로 하여금 보게 하였다.

Nabij God te zijn. 제8장. 29.

만왕의 왕께서는 하늘에서 사도 요한에게 밧모섬에서 특별한 계시를 주어, 한 책을 쓰도록 지시하셨다.

Nabij God te zijn. 제9장. 34.

사도들

사도들은 성령님의 도구가 되기에 더욱 적합하였고, 그들은 무엇보다도 하나님의 모든 자녀들을 생기있게 하였다. Nabij God te zijn. 제8장. 30.

사도들에게 있어서 성령님의 사역보다 더욱 단순할 수 있는 것은 아무것도 없다. 사도들은 성령님이 지시하는 대로 단지 앉아서 펜을 잉크를 찍어서 기록했을 뿐이다. Nabij God te zijn. 제8장. 30. 사도들이 쓴 성경.

사도들은 교회들의 기초일 뿐 아니라 교회의 제도를 세우는 일을 하였다. Nabij God te zijn. 제8장. 30.

사도적인 말씀이 오늘을 살아가는 우리에게 도달하는 것은, 사도들은 생명의 말씀을 보았고, 들었으며, 만진 바를 증거 하고 있기 때문이다. Nabij God te zijn. 제8장. 29.

사도들은 특별한 대사들이었으니 옛날의 선지자나 현재의 목사와 구별되는 직분이다. Nabij God te zijn. 제8장. 29.

사도들은 예수 그리스도로부터 말미암은 사실들과 지식을 전해주는 통로이다. Nabij God te zijn. 제9장. 34.

사도들은 말로써 진리를 나타내기를 기뻐한 것과 같이 기록함에 있어서 성령님의 조력을 진실 되게 인식했다. 또한 그들은 성경의 부분들을 기록하였으나 확실히 그 사실은 몰랐다. Nabij God te zijn. 제9장. 34.

사도들은 이 거룩한 환경에서 3년 동안 사는 특권을 누린 후에 속사람이 강건케 되어 예수께서 친히 눈에 보이지 않을 때도 세상을 향해 주의 복음을 증거 할 수 있었다. Nabij God te zijn. 제22장.

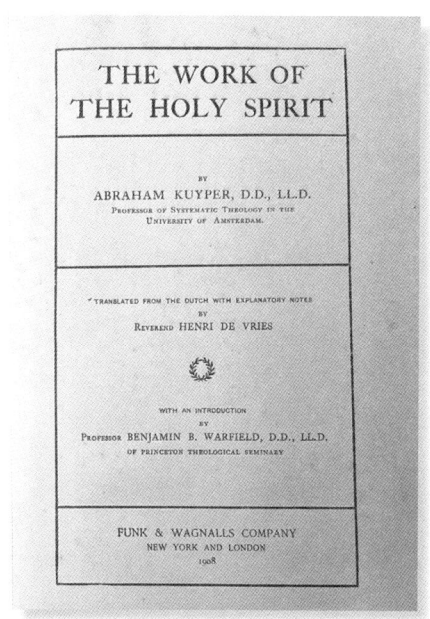

▲ 카이퍼의 『성령론(영문판)』

사도직

사도라는 칭호는 하나님을 위한 전권대사로서 보냄을 받은 자이다. 다시 말해서 주 예수께서 직접적으로 소명하는 사람들이라는 의미를 가지고 있다.   Nabij God te zijn. 제8장. 32. 현재에도 사도들이 있는가.

사도직은 일종의 특수한 의미를 지녔고 특수한 지위들에 있었다. 그리고 이 지위는 이중적으로서 초대 교회의 기초에 관하여는 일시적이요 모든 시대의 교회에 관해서는 영구한 지위이다.
Nabij God te zijn. 제8장. 30.

사도직은 그리스도 자신에 의하여 부름을 받았고 그리스도의 교회 안에서 증거되고 있다.   Nabij God te zijn. 제8장. 29.

사도직은 거룩한 직분이다. 왜냐하면 거룩하신 하나님을 섬기기 위한 것들이기 때문이다.   Nabij God te zijn. 제8장. 29.

사랑

인간에게 사랑은 금욕과 자기희생을 의미한다.

Nabij God te zijn. Chap II. 32.

모든 다른 은사가 소멸되고 변화되는 반면에 사랑은 영원하다는 사실 속에서 우리는 신자들의 마음속에서 밝게 빛나고 있는 결코 끝나지 않는 성령의 사역을 알 수 있다.

Nabij God te zijn. Chap II. 23.

사랑은 가장 좋은 것이고 우리를 하나님에 대한 위안을 얻는 존재로 만든다. 왜냐하면 하나님은 사랑이시기 때문이다. 그리고 믿음은 우리를 하나님과 연합하게 하며, 소망은 우리를 하나님께로 들어 올린다. 결국 사랑은 믿음과 소망의 결실이다.

Nabij God te zijn. Chap II. 23.

사랑은 인내에 의해서 가장 위대한 것이 되고 결코 실패하지 않는다.

Nabij God te zijn. Chap II. 23.

사랑은 그 사역에서 있어서 가장 위대한 것이다. 그러므로 사랑에 깊이 뿌리박은 나무는 하나님을 영화롭게 하고, 축복을 주는 영생에 대한 결실이다.

Nabij God te zijn. Chap II. 23.

사랑이 없는 기독교! 이것은 술어에 모순이 있다. 사도는 "사랑이 없는 사람은 아무것도 아니다"라고 말한다. 그러니 사랑이 없는 그를 어떻게 기독교인이라고 말할 수 있는가?

Nabij God te zijn. Chap Ⅱ. 23. 최대의 과제인 사랑.

사랑이 하나님이 아니라 하나님이 사랑이다. 그리고 그는 자신이 절대적으로, 그리고 영원히 사랑하기에 충분하다. Nabij God te zijn. Chap Ⅱ. 18.

예수 그리스도는 사랑 위에 또는 그 옆에 다른 아무것도 놓지 않으신다. 오직 하나님께 대한 사랑만으로 충분하다. Nabij God te zijn. 제41장.

모든 사랑은 하나님에 대한 사랑으로부터 나와야 한다.

Nabij God te zijn. 제41장.

▲ 아브라함 카이퍼 자료 전시회(1988)

사탄

∶

사탄은 절망적으로 내버려진 존재이며, 저주받은 존재인 것으로서 하나님의 영원한 권리를 폐기하지 못한다. Nabij God te zijn. Chap Ⅰ. 2.

사람을 유혹하기 위해서 돈과 사탄은 힘을 합하여 마침내는 황금 만능주의를 일으킨다. Nabij God te zijn. Chap Ⅲ. 하나님께 대해 부요치 않음.

사탄은 상상할 수 없는 가장 강력하게 계발된 인격이다. 사람이 어느 정도로 악해질 수 있느냐에 따라 사탄적인 것은 아주 빈번하게 나타난다.
Nabij God te zijn. Chap Ⅲ. 하나님께 대해 부요치 않음.

교회는 휴식이 허용되지 않는다. 사탄은 그리스도의 승리를 거부하면서 자기의 승리의 때가 결코 많이 남았다고 생각하지 않는다.
Nabij God te zijn. 제10장. 37. 영적 은사들.

사탄은 사람을 일으켜 하나님에게 대항하였다. Nabij God te zijn. 제69장.

사탄의 실제적인 존재를 부인하고 있는 가운데서 사탄의 계교가 효과적으로 작용한다는 것을 확실히 알 수 있을 것이다.
Nabij God te zijn. 제101장.

성도들은 세상에 사는 동안 여전히 사탄의 공격과 유혹의 대상이다. 사탄은 우리가 기도할지라도 끊임없이 불경건한 것들을 집어넣고 있다.

Practeik van Godzaligheid

사회주의

칼빈주의자들과 사회주의자들은 양자 모두가 강한 목적 의식에 의하여 이끌고 있다. 하지만 사회주의자들은 단지 세상적 성공에만 관심이 있을 뿐이다. 그러나 칼빈주의는 노동의 대가로서 하나님의 나라를 희망하는 것에 기독교 민주주의자들의 힘이 발견된다.

1891. Maranatha

사회 참여

16세기에 제네바를 고통스럽게 했던 전염병이 도는 기간에 칼빈은 보다 더 선하고 지혜롭게 행동했다. 그는 병자들의 영적 필요성을 부단히 생각했을 뿐 아니라, 동시에 이제까지 그 어느 누구도 능히 생각지 못했던 위생적 방도를 들여옴으로써 전염병에 의한 손해를 막았다.

Calvinism VI.

칼빈주의자는 자신을 교회 속에다 가두고 세상을 제멋대로 되도록 내버려 둘 수 없었다. 오히려 칼빈은 이 세상을 더 높은 단계로 발전하도록 촉진할 높은 소명을 가졌다.

Calvinism.

삶의 규범

삶의 규범이란, 항상 하나님이 중심이 되어야 하며, 삶의 기준이 하나님께 부합되어야 한다. 뿐만 아니라 하나님으로부터 나와서 하나님을 추구해 나아가는 것이어야만 한다.

Nabij God te zijn. 제40장.

삶의 목적

나의 일생의 목적은 교회와 국가 안에 존재하는, 불신앙의 공격으로부터 기독교 신앙을 방어하는 것이라고 썼다. 개혁파의 사상적 기반 위에서 총체적 기독교 대안을 현실화시키기로 굳게 결심했다.

1873. Confidence. 팸플릿

모든 것이 하나님의 영광을 위해서 행해져야 하기에 하나님의 규례는 개인, 가정, 국가 등 삶의 모든 영역에 있어서 참다운 가르침이 된다. 따라서 성경은 심지어 우리의 정치적 입장에 있어서도 기준이 된다.

1897. A.R.P 선거 캠페인

▲ 카이퍼 『네덜란드의 정신(1917)』

삼위일체 하나님

그리스도는 하나님이시며 인간이셨고 신인(神人)이셨으므로, 이러한 신인의 성질은 교통할 수 있다. Werk van Heilige Geest. 제2장. 15.

구원의 방편으로서의 신앙은, 삼위일체 가운데 제2위이신 하나님의 독생자 그리스도를 항상 신앙하는 것뿐만 아니고, 구원자, 구세주 또는 보증인으로 십자가에 달리신 그리스도를 믿는 것으로 말한다.

Werk van Heilige Geest. 제2장. 15.

온 세계의 만물이 성부로부터 근원적으로 나오고, 성자로 인하여 지속되고, 성령에 의하여 그들의 운명이 인도된다고 하였다.

Nabij God te zijn. Chap Ⅰ.

삼위는 항상 하나의 신적 존재로 나타나며, 이런 하나의 신적 존재의 경륜적 사상들은 하나님의 모든 피조물들을 위한 것이 된다.

Nabij God te zijn. Chap Ⅰ.

창조, 구속, 성화가 하나님의 계획과 섭리와 존재라는 사상들 속에 감추어 있는 반면, 사역은 성부, 성자, 성령이 창조하시고, 성부, 성자, 성령이 구속하시고, 성부, 성자, 성령이 성화케하시기에 활동에 어떤 구분이 없는 것이다. Nabij God te zijn. Chap Ⅰ.

창조 사역은 성부의 것으로, 구속 사역은 성자의 것으로, 성화 사역은 성령의 사역으로 구분된다. Nabij God te zijn. Chap Ⅰ.

모든 만물도 다 같이 성부, 성자, 성령의 사역 즉 성부의 섭리를 따라 성자가 정돈하고, 성령께서 생명의 빛을 넣어 풍성케 하신 것이다.
Nabij God te zijn. Chap Ⅱ. 7.

성부는 계획하시고, 성자는 분배, 정돈하시며, 성령은 완성하신다.
Nabij God te zijn. Chap Ⅱ. 6. 하늘과 땅의 주인.

삼위(三位)는 모두 창조하고, 구속하고, 성화시킨다. 이런 작용에 있어서 성부는 스스로 존재하시고, 성자는 성부에 의하여 나으시고(begotten), 성령은 성자와 성부에 의하여 보냄을 받으신다(proceeds).
Nabij God te zijn. Chap Ⅲ. 9.

성령님은 성부 하나님이 영원 전부터 성도를 예정하사 부르게 하고, 성자께서는 그들을 구속하게도 하셨으니, 성 삼위는 성도들에게 빛을 밝게 하였고, 내면적 어두움에 불을 붙게 하시며, 하나님의 모든 교회가 성부와 성자께 영원토록 희생적 사랑과 충성을 바치도록 하시는 것이다.
Nabij God te zijn. Chap Ⅲ. 43.

우리는 성령을 통하지 않고 성자와 친분을 가질 수 없으며, 아무도 성령께서 우리에게 소개해주신 성자를 통하지 않고서는 성부와 친분을 가질 수 없다.
Nabij God te zijn. Chap III. 41.

우리 영혼의 가장 깊은 은거지에 들어오실 수 있는 분은 오직 성부, 성자, 성령 하나님이시다.
Nabij God te zijn. 제11장.

우리의 마음에 보혜사로 계시는 성령 안에서 우리는 삼위일체 하나님을 더 열렬하게 예배한다.
Nabij God te zijn. 제82장.

성부 하나님으로부터 능력의 충만함이 오고, 성자 하나님으로부터 사랑의 충만함이 오며, 성령 하나님으로부터 모든 에너지의 충만함이 온다.
Nabij God te zijn. 제83장.

새 계명

예수는 너희에게 새 계명을 주노니 "서로 사랑하라"고 말했다. 그러므로 기독교를 표현하는 새것이라는 말은, 모세의 율법을 나타내는 옛것이라는 말에 반대되는 말이다.

Nabij God te zijn. Chap Ⅱ. 29. 구약 성경에 있는 사랑.

▲ 카이퍼의 가족

생명

성경은 구속에 의해, 구속에서부터 자연스럽게 점차적으로 소개되었다. 때문에 언제나 성경은 살아 있고 생명을 주는 것이다.
Nabij God te zijn. 제4장. 13.

성경의 작용은 신앙의 진작만 아니라 신앙을 훈련하는 것을 포함한다. 성령은 죽은 문자나 비영적이요 기계적인 존재가 아니라, 영적 생명이 있어 생수의 원천이요 영생의 열린 샘이다.
Nabij God te zijn. 제4장. 12.

성경이 오로지 성경 됨은 영적 생활을 해야 하는 우리 마음에 생명을 주는 사상들을 주입하고 있기 때문이다.
Nabij God te zijn. 제4장. 12. 성경.

오직 임마누엘 되시는 예수님을 통해서만 우리는 생명을 얻고 하나님과 함께하며 충만한 열정과 활력을 얻을 수 있다.
Nabij God te zijn. 제19장.

하나님의 거룩한 생명이 우리를 감화하시고, 더욱 고귀하고 거룩한 정서의 충동을 일으킨다.
Nabij God te zijn. 제62장.

교회의 생명인 성령은 언제나 예수 그리스도 안에서 보증된다.
Nabij God te zijn. 제78장.

성경은 죽은 문자(Doode letter)나 비영적이고 기계적 존재가 아니라, 영적 생명이 있어서 생수의 원천이요, 영생의 열린 샘이다.

Het Werk Van Heilige Geest. 1888. p.74.

선거

민주주의 이념을 통한 힘 없는 민중들의 권리를 보호하기 위하여 선거권을 넓혀야 한다. 그리고 모든 사회 계층은 선거를 통하여 국가 정책에 영향을 줄 수 있어야 한다.

Heraut. 1869.11.5./ Standaard. 1873.6.5.

선교

누가 선교사를 보내야 하는가? 조직된 제도적 교회이다. 또한 교회는 누구를 파송해야 하는가? 교회의 아들과 딸이다. 그렇다면 교회는 선교를 고귀하고 위력 있게 하는 유일한 목적은 무엇인가? 진실로 이교도의 회개, 영혼의 구원 그리고 교회의 증가가 그 고귀한 목적이다.

화란 개혁주의 선교협회 연대 선교 축제. 1871.9.6.

① 선교 최고의 목적은 삼위일체이신 하나님께 있다.
② 선교는 지역 교회에 의해서 수행되고 지속되어야 하는데, 물론 전체 교회와 교파의 통일을 고려해야 한다.
③ 선교사가 되려는 사람은 복음의 열정을 가진 목회자여야 한다.
④ 선교 지역은 섭리에 따라 신중한 고려를 한 후에 선택되어야 한다. 선교는 개인을 상대해야지, 국가 관계에 이루어져서는 안 된다.
⑤ 선교 활동은 설득과 확신의 방식만을 사용해야 한다.
⑥ 선교는 다른 교회와 다른 선교와의 적절한 관계를 유지하면서 수행해야 한다(이는 후일 개혁교회 선교 대헌장).

1896. 선교의 원리. 총회 선교 정책 연설

선교의 이유는 회개할 영혼들에만 관계하는 것이 아니라, 하나님 앞의 시온에서 나타날 국가들의 소환 때문에 필요한 것이다.

Werk van Heilige Geest

선교는 예수 그리스도의 왕 되심과 더불어 시작해야 한다.

Kuyper, Encyclopaedie III.

선교해야 할 이유는 회개할 영혼들에게만 관계하는 것이 아니라, 하나님 앞의 시온에서 나타날 국가들의 소환에서도 필요하다.

Werk Van Heilegheid p.12.

그 나라는 우리 왕의 것이다. 그러므로 선교는 예수의 왕 되심과 더불어 시작해야 한다.

Encyclopaedie Vol. III. p.469.

선택

그리스도의 부활은 선택된 자들에게 칭의를 주신 것이고, 갈보리 산상의 예수님의 희생은 선택된 자를 위한 것이라는 뜻이다.

Werk van Heilige Geest. 제3장. 17.

하나님의 시간에 도저히 저항할 수 없는 은혜로, 하나님은 죽음에서부터 삶으로의 선택을 하였다.

Nabij God te zijn. Chap I. 7. 성화의 작용.

하나님의 선택은 성령의 역사 없이는 존재할 수 없다.

Nabij God te zijn. Chap Ⅱ. 24.

선택된 자들은 그리스도를 머리로 하여 한 몸을 형성한다. 이러한 몸은 그리스도를 영접할 때 비로소 존재가 시작된다.

Nabij God te zijn. 제7장. 25.

선택된 자들은 말씀을 통하여 하나님의 성령께서 주입하신 모든 인상을 받되 그 방법은 우리가 결코 알 수 없다.   Nabij God te zijn. 제7장. 36.

종교에는 하나님과 인간의 영혼 사이에 어떤 피조물도 끼어들어서는 안 된다. 모든 종교는 하나님 자신의 내밀한 마음속에 즉각적으로 역사하시는 일이다. 이것이 선택의 교리이다.   Calvinism.

선행

선행을 하려는 노력조차도, 하나님의 영광 없이는 불가능하다.

Werk van Heilige Geest

선행의 모든 형태와 내용은 인간의 것이 아니고 하나님의 것이다. 그래서 그 일이 모두 마쳐졌을 때 우리는 하나님께 감사하는 것이지, 하나님이 우리에게 감사하는 것이 아니다. 선행을 하는 모든 사람에게 있어서 성령께서 할 것과 해야 하는 것을 한다.

Werk van Heilige Geest

성령은 이들 선행을 인간 속에서 그리고 인간의 위치에서 행하신다.

Werk van Heilige Geest

선행은 하나님께서 성화로서 심으신 나무로부터 나온 과일이다.

Nabij God te zijn. Chap Ⅰ. 15.

설교

성경적으로 볼 때 설교자가 유능한 것이라고 말하는 것은 위반된다. 설교자가 행하는 모든 것은 그의 주님에게 순종하여 하는 것 일 수밖에 없고, 그가 말씀의 사역을 한데도 그것 역시 주님이 함께하신 결과이다. 그러므로 영광을 오직 성령 하나님에게만 돌려야 한다.

Werk van Heilige Geest. 제5장. 28.

설교자는 성령님의 내적 작용에 의해서 그에게는 참되고 확실한 하나님의 말씀이 되신다.

Werk van Heilige Geest. 제5장. 28.

설교자가 교회에서 설교를 할 때, 그 시간에 성령의 역사로 회개하는 것을 알게 된다.

Werk van Heilige Geest. 제5장. 28.

설교자가 중생자의 영적 상태를 알지 못해도, 성령님의 역사에 의해 말씀의 안내와 준비를 하게 한다.

Werk van Heilige Geest. 제5장. 28.

성령님이 성경 말씀과 함께 임하는 것이니, 그 말씀은 영감되고 준비된 말씀이며, 성령 자신 즉 하나님이 준비하시고 기록함에 맡기신 말씀이다.

Werk van Heilige Geest. 제5장. 28.

세례 받은 자라고 해서 반드시 회개한 자들이 아니다. 때문에 설교자는 모든 세례 교인들에게도 중생한 자일지라도 회개를 촉구해야 한다.

Werk van Heilige Geest. 제5장. 28.

말씀을 전파하는 목사는 그리스도의 십자가의 뒤에 있는 주 여호와의 위엄을 숨겨서는 안 된다. Nabij God te zijn. Chap Ⅰ. 16.

강단에서 외쳐지는 설교는 영적인 것을 변화시킬 뿐만 아니라, 삶을 변화시키는 것에 앞장서야 한다. Nabij God te zijn. 제31장.

설교란 말씀을 섬기는 것이다. De Heraut. No.687, 22 Jan. 1891.

설교자는 설교를 준비할 때 성경의 유일성과 전체 통일성을 살펴야 하고 거기다가 결국 성령의 사역이 동반되어야 한다.

De Heraut. No. 907. 12. Mei. 1895.

그리스도는 성경 계시의 중심이자 언제나 설교의 핵심이다.

De Heraut. No.353.

설교자

말씀을 가르치는 목사들은, 성화가 하나님께서 인간 속에서 행하고 있는 하나님의 활동이라는 것과 하나님 자신의 이름의 영광을 위하여 인간에게 선행을 하라고 권고하였다는 것을 이해하여야 한다.

Nabij God te zijn. Chap I. 13.

설교자는 성령님의 내적 작용에 의해서 그에게는 참되고 확실한 하나님의 말씀이 되신다. Werk van Heilige Geest. 제5장. 28.

설교자가 교회에서 설교를 할 때, 그 시간에 성령의 역사로 회개하는 것을 알게 된다.

Werk van Heilige Geest. 제5장. 28.

설교자가 중생자의 영적 상태를 알지 못해도, 성령님의 역사에 의해 말씀의 안내와 준비를 하게 한다. Werk van Heilige Geest. 제5장. 28.

말씀을 전하는 설교자는 왕의 대사(Als Ambassadeur van Zijn koning)로서, 왕의 지혜와 왕의 권세로 증거 해야 한다.

De Heraut. No. 908.

설교할 때 설교자는 성경의 상징적인 것이나 교훈적인 것에만 매달려 서는 안 되며, 성경 전체에 흐르는 하나님의 위대한 구속사의 흐름을 관찰

해야 한다.   De Heraut. No. 908.

설교자는 설교를 준비할 때 성경의 유일성과 전체 통일성을 살펴야 하고 거기다가 결국 성령의 사역이 동반되어야 한다.
                                                                        De Heraut. No. 907. 12. Mei. 1895.

예수 그리스도는 우리의 중보자로서 자신을 계시하셨다. 그러므로 설교자는 당연히 그리스도를 중심으로 성경을 보는 안목을 가져야 한다.
                                                                        De Heraut No. 935. 24. Nov. 1895.

신구약 전체의 흐름은 예수 그리스도를 중심으로 움직이고, 그리스도 중심의 축이 곧 하나님의 구속사의 핵(Core)이라고 할 수 있다. 그러므로 설교자는 성경 계시의 중심으로서 그리스도를 볼 줄 아는 눈이 열려야 한다.
                                                                        De Heraut No. 935. 24. Nov. 1895.

설교란 말씀을 섬기는 것이다.   De Heraut No.687, 22 Jan. 1891.

성 바돌로매 대학살

성 바돌로매 대학살 사건에 대한 기록을 읽는 사람은, 그러한 가공스러운 일은 그 당시 문화가 낮은 상태에 있기 때문이라고 쉽게 결론 내린다. 그러나 19세기 아르메니아 대학살, 스페인, 화란의 도시와 시골의 무차별 학살 등은 16세기의 수치스러운 사건이 19세기에도 일어났다.

Calvinism VI.

▲ 성 바돌로매 축제일에 희생된 콜리니 장군

성경

성경은 하늘의 축복에 이르는 길로 인도해 줄 뿐 아니라, 문제로 가득 찬 인생의 모든 영역에서 찬란한 빛을 비추어 준다.

Standaard 사설. 1872.4.10.

"하나님의 말씀은 국민적 실천을 불러 일으킬 수 있는 표준이다." 또한 "성경은 사람에게 하나님이 존재한다는 것을 입증시켜 주는 안경 역할을 하며, 죄의 나락에 떨어지는 창조 세계를 어떻게 이해할 것인지를 보여 주는 안내자"라고 말했다.

Nabij God te zijn. 1872.4.1. Standaard

모든 것이 하나님의 영광을 위해서 행해져야 하기에 하나님의 규례는 개인, 가정, 국가 등 삶의 모든 영역에 있어서 참다운 가르침이 된다. 따라서 성경은 심지어 우리의 정치적 입장에 있어서도 기준이 된다.

1897. A.R.P 선거 캠페인

칼빈에게 있어서 오직 필요한 것은 성경(Neccessitas Sola Scripturae)이란 표현은 성경의 모든 것을 지배하는 권위를 나타내는 불가피한 표현이다.

Calvinism.

성경은 하나님이 우리의 마음속에 들어오셔서, 그가 우리의 속성, 우리의 애정의 본질을 발견하시면 그때 우리의 행동은 역전된다.

Nabij God te zijn. Chap Ⅰ. 12.

성경은 우리를 도구로써 자주 사용하신다는 것과 우리가 노력하는 것을 촉진시킨다는 것을 부인하지 않지만, 우리의 경향의 변화는 우리의 능력이 아니라, 성령 하나님의 직접적인 활동의 결과로써 이루어진 것이다.

Nabij God te zijn. Chap Ⅰ. 12.

성경은 하나님 앞에서 인간은 아무것도 아니라는 견해를 가르친다. 따라서 인간은 오직 하나님을 통해서만 새로운 존재가 되는 것이다.

Nabij God te zijn. Chap Ⅰ. 9.

성경적 용어를 보면, 히브리어와 헬라어 둘 다 '영'이라는 단어를 '바람, 숨을 쉰다, 바람이 분다'라는 뜻으로 사용한다.

Nabij God te zijn. Chap Ⅱ. 7.

성경을 배우는 모든 지각 있는 자들은 특별히 성령께서 성도의 인격 안에 들어와서 그의 가장 깊은 존재 즉 영혼과 접촉한다는 것을 알아야 한다.

Nabij God te zijn. Chap Ⅱ. 7.

성경은 창조에 있어서 성령의 특별한 사역을 말하고 있지 않은가?

Nabij God te zijn. Chap Ⅱ. 6.

성경은 하나님의 영광이 하나님의 자녀들로 말미암아 최대로 반영됨을 결론으로 한다. 왜냐하면 그들이 성령으로 나지 않았다면 아무도 하나님의 자녀가 될 수 없기 때문이다. 그러므로 우리는 하나님의 영광이 하나님의 선택에 또는 하나님의 교회에 가장 명백하다는 것을 시인한다.

Nabij God te zijn. Chap II. 5.

성경은 성령께서 우리 속에서 사랑으로 거하실 뿐만 아니라, 그가 우리의 마음속에 사랑을 펴고 있다는 것을 가르친다.

Nabij God te zijn. Chap II. 21. 우리 안에 있는 성경의 사랑.

성경은 성령께서 그리스도 없이는 아무것도 줄 수 없으며, 그리스도로부터 우리에게 줄 수 있는 것을 얻는다고 강력하게 가르치고 있다.

Nabij God te zijn. Chap II. 19.

성경이 기록된 까닭은 성경을 읽으므로 생명을 얻는다는 점을 알게 함이다. 그러므로 성령께서 역사하지 않으면 이런 신적 예술품이 탄생할 수 없다.

Nabij God te zijn. 제4장. 16.

기록에 있어서 성령께서는 인간의 매개를 채용하셨다. 완성된 형태나 내용이 성령의 뜻대로 하나님의 교회에 쓸 수 있는 무오의 책이 된 것이다.

Nabij God te zijn. 제4장. 16.

창조에 대한 기록은 신화가 아니라 분명한 역사로서, 창조주 자신이 창조를 인간에게 전달하지 않으면 안 되었다. 따라서 창세기에 공개된 장들의 기록은 일어났던 사건들이다. Nabij God te zijn. 제4장. 16.

완전하고 무오한 성경을 교회에 주시려는 것은 성령의 전 포괄적인 사역이다. 이러한 전적 포괄적인 작용을 기계적이 아닌 유기적이라고 한다. Nabij God te zijn. 제4장. 16.

영감은 성령님의 특수하고 독특한 작용인데 성령께서 성경 저자들의 심중에 기록할 행위를 지시함이다. Nabij God te zijn. 제4장. 16.

성경은 하나님의 감동으로 되었으니 윤리적 신학자들이 이해하는 정도를 넘어선 것이다. Nabij God te zijn. 제4장. 16.

진리의 기둥과 터인 교회에 위탁된 성령의 선물인 성경이라는 형태로 기록하게 하셨다. Nabij God te zijn. 제4장. 16.

하나님은 자신의 행사들과 말씀의 취지를 잊지 않고 기억하게 하려고 사람들에게 말씀하시고 행하실 뿐만 아니라 사람들에게 기록해야 한다고 명령하셨다. Nabij God te zijn. 제4장. 16.

성경의 기록은 위대하고 영광스러운 것으로 하나님의 사람들과 세대들을 사랑의 산 교제와 실천에서 보호하시는 힘 있는 요소들로 되어 있다. Nabij God te zijn. 제4장. 16.

성경을 신앙생활과 분리하여 본다면 무익한 것이다.

Nabij God te zijn. 제4장. 14.

하나님이 성경책에서 직접으로 우리 영혼에게 말씀하신 것을 듣는다면 우리는 생명 없는 대상은 아니다. Nabij God te zijn. 제4장. 14.

성경은 성령님의 주요 예술품이라는 것과 성령께서 성경을 교회에 주셨고, 교회에서는 성령께서 성경을 그의 도구로 사용하신다는 것을 강조하여도 지나치지 않다.

Nabij God te zijn. 제4장. 13.

성경의 작용은 신앙의 진작만 아니라 신앙을 훈련하는 것을 포함한다. 성령은 죽은 문자나 비영적이요 기계적인 존재가 아니라, 영적 생명이 있어 생수의 원천이요 영생의 열린 샘이다.

Nabij God te zijn. 제4장. 12.

성경은 하나님의 영광의 광채를 그리고 있으며, 우리에게 하나님의 형상과 인격을 보여주기 위함과 그 배경을 제시하고 있다.

Nabij God te zijn. 제4장 12.

우리가 성경을 읽을 때 우리가 죄인이라는 것을 알며, 하나님을 영화롭게 하며, 우리의 이웃을 사랑하고 영혼을 구원하는 데 필수적인 일이다.

Nabij God te zijn. 제4장. 12.

성경은 당신에 대해 말씀하기를 '의롭게 됨이 당신의 어떤 공로에 의하는 것이 아니라 오직 은혜로만 된다'고 가르친다. 그래서 성경은 율법을 결코 범하지 않았을 지라도 너는 율법 아래에 놓인다고 정죄하는 것이다.
Nabij God te zijn. 제6장. 33. 신앙.

신앙과 성경은 죄인을 위해 있는 것이며 죄를 제거하기 위한 것이다. 또한 신앙 없이는 성경은 닫힌 책이다. 그러므로 성경에 대해 무시하거나, 잘못되게 교훈하면 신앙 인격에 성장이 없고 한번 교훈을 받은 것은 생활에 영향을 끼쳐서 큰 힘을 얻게 된다.
Nabij God te zijn. 제7장. 40.

우리는 성경의 참됨을 신앙하고 성경을 주신 하나님을 찬양하며 그 내용의 참됨을 신앙하는 것이다.
Nabij God te zijn. 제7장. 37.

우리는 성경에 기록된 모든 증거를 믿는다고 말하면 그리스도를 영접함이요, 우리는 예수의 안내를 받아 피난처에 도달할 수 있다.
Nabij God te zijn. 제7장 37.

성경은 모든 곳에서 우리 영혼을 피난처로 이끄실 탁월하신 그리스도에 관해서 증거하는 신적 증거를 보여주고 있다. 또한 우리 앞에 놓여 있는 이 증거를 우리가 받고 받지 않는 결정은 우리가 한다. 그러므로 우리가 예수를 영접지 않으면 예수는 결코 우리의 영혼을 안내할 수가 없다.
Nabij God te zijn. 제7장. 37.

성경을 믿는 자들 곧 성경을 받아들이는 자는 한결같이 철저한 자기 부정과 감사심에 사로잡히지 않을 수 없다. 그러한 심령의 소유자는 오직 상한 심령이요, 죄를 깊이 뉘우치는 심령이 되고, 하나님께 그의 탁월하신 자비에 대해 감사로써 충만케 되는 것이다.

Nabij God te zijn. 제9장. 35.

사도들은 말로써 진리를 나타내기를 기뻐한 것과 같이 기록함에 있어서 성령님의 조력을 진실 되게 인식했다. 또한 그들은 성경의 부분들을 기록하였으나 확실히 그 사실은 몰랐다.

Nabij God te zijn. 제9장. 34.

'신약 성경이 어떻게 해서 기원 되었는가?'라는 문제에 우리는 주저 없이 "성령님에 의하여 된 것이다"라고 말할 수 있다.

Nabij God te zijn. 제9장. 34.

성령님의 특별한 방법으로 그의 사도들에 의해 쓰여진 것이 신약 성경이다.

Nabij God te zijn. 제9장. 33.

영감 자이신 성령님만이 올바른 해석을 할 수 있다. 따라서 어떤 해석도 성경 자체를 대신할 수는 없다.

Nabij God te zijn. 제10장. 38.

성령님은 그 말씀으로 우리에게 접근하기를 시작하시고, 우리 자신이 그 말씀을 읽고 또한 다른 사람들에게 전달함으로 접촉을 시작하게 된다.

Nabij God te zijn. 제10장. 38.

책에 기록된 딱딱한 지식이 아니라, 하나님에 관한 살아 있는 영혼의 지식 성경 그것 자체가 영생의 지식이다. Nabij God te zijn. 제32장.

영원한 말씀에 나타난 하나님의 자기 계시가 기록된 말씀으로 우리에게 나타났다. Nabij God te zijn. 제45장.

하나님은 영이시다. 따라서 하나님은 보이지 않으신다. 그러나 보이지 아니하시는 하나님께서는 성경을 통해 점점 더 분명하게 자신을 계시하신다. Nabij God te zijn. 제45장.

성경은 모든 사람에게 이야기한다. 어떤 사람은 성경을 읽으면서 은혜로 하나님을 알게 되고 성경에서 하나님의 음성을 듣는다. 반면에 어떤 사람은 똑같이 성경을 읽어도 하나님을 알지 못하며, 성경에서 하나님의 음성을 듣지도 못한다. Nabij God te zijn. 제67장.

우리에게는 성경이 하나님의 음성이다. Nabij God te zijn. 제67장.

하나님께서는 영적인 것들을 우리에게 친숙하게 전달하시기 위해, 하나님의 말씀에서 이상들을 사용하신다. Nabij God te zijn. 제80장.

기도를 시작하기 전에 성경을 읽는 것은, 언제나 우리로 하여금 기도할 수 있게 만들 뿐만 아니라, 영혼을 수반하는 신성한 언어로 기도할 수 있게 하는 수단이다. Nabij God te zijn. 제93장.

하나님의 말씀 즉 하나님의 계시가 아니면, 인간 이성이라는 명제는 오랜 대립상을 이루었다. Vrije Universiteit 총장 취임 연설. 1880.10.20.

기독교 세계관은 성경의 계시로부터 파생되어 성격상 인본주의 세계관과 정면 대립한다. 그리고 이 정면 대립은 영구히 존재할 것이며 모든 학문의 세계까지 확장될 것이다.
카이퍼의 수상 때 연설. 고등교육법 제안. 1904.3.11.

성령에 대한 지식의 유일한 근원은 성경이고, 성령은 성경의 최초의 원저작자이다. Het Werk Van Heilige Geest. 1888. p.72.

성경은 동일한 성령에 의해서 저술되었기에 모든 성경은 똑같은 권위를 갖는다. Het Werk Van Heilige Geest. 1888. p.229.

성령님으로 하여금 신약 성경의 각 부분을 준비하신 분은, 교회의 왕이신 예수 그리스도이시다. Het Werk Van Heilige Geest. p.229.

영감은 완전하고 무오한 성경(Volledige Onfeilare Schoriftuur)을 교회에 주시려는 전적인 성령의 포괄적 사역이다. Het Werk Van Heilige Geest. 1888. p.152.

성령께서는 성경 저자들의 심중에 기록할 내용을 정확히 지시하셨다.
Het Werk Van Heilige Geest. 1888. p.152.

성경이 멈추라는 곳에서 멈춰야 할 것이다. 즉 어려운 것은 설명되지 않은 채로 남겨 두고, 인간의 어리석은 판단을 덧붙이지 않아야 한다.

Het Werk Van den Heilige Geest. 1888. Vol. 2. p.12.

성령님은 성경을 통해서 우리들의 죄인 된 자화상을 보여준다. 또한 우리의 구원이 하나님의 자비하심에 있음을 보여주며, 또한 성령은 우리로 하여금 그의 입술의 찬양의 노래를 듣게 하신다.

Het Werk Van den Heilige Geest. 1888. p.254.

성경은 죽은 문자(Doode letter)나 비영적이고 기계적 존재가 아니라, 영적 생명이 있어서 생수의 원천이요, 영생의 열린 샘이다.

Het Werk Van Heilige Geest. 1888. p.74.

성경 곧 하나님의 말씀은 살아 있다. Heraut. No.908.

성경은 신앙의 책이다. De Hedendaagsche Schriftcritiek in haar. 1881. p.14-15.

성경 곧 하나님의 말씀은 구속사적(Geschiedenis der heilsopenbaring)으로 기술되었다.

De Heraut. No.294. 8. sept.

자신을 계시하신 하나님은 기독교 신학의 원천이며, 신학은 성경 곧 하나님의 말씀이라는 기본 틀 위에 이루어진다.

Bibliotherica sacra, vol 61. "The Biblical Critism of present Day".p.409-442.

성경이 완성된 이후에 무슨 특별한 계시를 받았다고 주장하는 자들은, 성경의 유일성과 그 권위를 부정하는 자들이다.

The Biblical Critism of present day. p.417-418.

우리는 성경을 개인적으로나 온 가족이 함께 읽을 때, 모세나 요한이 아니고 나의 하나님 여호와께서 나에게 말씀하신다고 확실히 믿어야 한다.

Biblical Critism of present day. p.417-418.

선지자들을 통해 말씀하셨으며 사도들에게 영감을 주셨던 분은 바로 성령이시며, 사도들을 통해서 자신을 구체적으로 나타내신 분이 성령이기에 성령은 성경의 원저자이시다.

Principles of Sacred Theology. p.450.

예수 그리스도는 우리의 중보자로서 자신을 계시하셨다. 그러므로 설교자는 당연히 그리스도를 중심으로 성경을 보는 안목을 가져야 한다.

De Heraut No. 935. 24. Nov. 1895.

성경의 권위

신약 성경의 권위를 믿음에 있어서 우리는 4복음서의 전도자들의 권위가 완전히 동등한 것을 인정하지 않으면 안 된다.

Nabij God te zijn. 제9장. 34.

인간의 통찰력은 하나님이 선포하신 말씀 앞에 무릎을 꿇어야 한다.

Standaard. 1873.6.7.

성령에 대한 지식의 유일한 근원은 성경이고, 성령은 성경의 최초의 원저작자이다.

Het Werk Van Heilige Geest. 1888. p.72.

영감은 완전하고 무오한 성경(Volledige Onfeilare Schoriftuur)을 교회에 주시려는 전적인 성령의 포괄적 사역이다.

Het Werk Van Heilige Geest. p.152.

개혁신학은 상징주의나 범신론적 감정주의보다, 하나님의 계시인 성경이 우리 신앙의 전제이다.

Antithesis between Symbolism and Revelation. p.16-17.

성경의 원리

칼빈에게 있어서 오직 필요한 것은 성경(Neccessitas Sola Scriptures)이란 표현은 성경의 모든 것을 지배하는 권위를 나타내는 불가피한 표현이다.

Calvinism.

칼빈주의자에게는 성경의 필요성이 논리적이고 방법론적인 논증에 있는 것이 아니라 성령의 즉각적인 증거에 달려 있다.

Calvinism.

▲ 1912년 카이퍼, 학교를 로테르담에서 개교한 후 기념 강연 모습

성도

모든 신자에게는 하나님으로부터 받은 하나의 소명이 있다.

Nabij God te zijn. 제10장. 36.

믿음으로 서 있는 사람은 자신이 두 세계에 살고 있다는 것을 안다.

Nabij God te zijn. 제104장.

그리스도인의 삶에는 세 가지 단계가 있다.

첫째 단계는 그리스도로 말미암아 마음의 회심과 더불어 시작된다. 이 단계는 미숙한 시기로 하나님의 자녀는 여전히 세상의 속됨에 쉽게 말려든다.

두 번째 단계는 그리스도인은 주님에게 전적으로 의존하기 위하여 세상적인 문제들을 외면한다. 그러나 이런 그리스도인은 잘못된 신비주의에 빠지기 쉽다.

세 번째 단계는 믿는 자들은 심지어 옷 입는 것, 일하는 것을 위시하여 모든 것이 주님으로 말미암고, 모든 삶의 영역에서 주님의 이름이 영광을 받아야 할 것을 깨닫는다.

1887.8.18. 우트레흐트 A.R.P 전당 대회 연설.

성도들은 세상에 사는 동안 여전히 사탄의 공격과 유혹의 대상이다. 사탄은 우리가 기도할지라도 끊임없이 불경건한 것들을 집어넣고 있다.

Practeik van Godzaligheid

성령

영원토록 성령님은 중생의 사역자요, 회개, 칭의와 성화의 모든 단계 또는 영화와 구속을 받은 자들의 모든 지복(至福)의 사역자이다.

Werk van Heilige Geest. 제5장. 27.

성령님은 말씀을 통해서 죄인을 새사람으로 변케 하시는 사역을 하신다. 그래서 내적 소명은 외적 소명과 함께 교제하며, 또한 내적 소명은 외적 소명을 가져온다.

Werk van Heilige Geest. 제4장. 23.

하이델베르그 신조 8문에서 "우리는 하나님의 성령에 의해서만 중생되어진다"고 했고, 신앙고백서 22조항에서는 "우리가 이 위대한 신비의 참 지식에 도달됨은 성령이 우리의 마음속에 올바른 믿음을 갖고 하나님의 온유로 주 예수 그리스도를 맞이하는 것이다"라고 했다.

Werk van Heilige Geest. 제4장. 23.

성령님은 모든 인간에게 생명을 주는 생명의 영이다. 때문에 우리는 성령님을 주목해야 한다.

Werk van Heilige Geest. 제4장. 20.

성령은 우리의 내면을 충만케 하고, 닫힌 것을 열며, 굳어진 마음을 부드럽게 하며, 그리고 할례받지 않은 이교도들을 감동시켜 할례를 받게 한다.

우리의 지식의 참된 근원은 성령에 의해 우리에게 주신 말씀 즉, 복된 성경의 말씀이다.
Nabij God te zijn. Chap Ⅰ.

성령의 창조적 사역은 혼돈에 숨기운 생명 즉 생명의 근원을 발현시킨다.
Nabij God te zijn. Chap Ⅱ. 6.

하나님은 그의 아들의 영을 보내셨다(갈 4:6). 그럼에도 '하나님의 영을 성령이 아니다'라고 말하는 것은, 성경을 순전히 서구 사상과 인간 사상으로 해석함이다.
Nabij God te zijn. Chap Ⅱ. 6.

본래 창조에 동참하신 성령께서는 이와 같은 은혜로운 방법으로, 이제 하나님의 자녀로 우리를 중생케 하시며 성화시키신다.
Nabij God te zijn. Chap Ⅱ. 5.

죄는 한 번 들어왔으나 그 죄의 작용을 없앨 수는 없다. 반면에 성령님은 선택된 자들을 부르시고 구원하여, 가장 영광스럽고 뛰어나게 하신다.
Nabij God te zijn. Chap Ⅱ. 5.

연합하고 연결하는 것은 성령이다. 진리의 영이신 성령께서만 그의 가장 큰 사역을 완성시킬 수 있는 것인데, 그것은 사랑의 양성을 나타내는 것이다.
Nabij God te zijn. Chap Ⅱ. 30.

그리스도는 성령을 보혜사(Comforter)라고 불렀다.

Nabij God te zijn. Chap II. 22.

성령은 우리의 마음속에서 사랑을 행하신다. 참을성이 많고, 사람을 감동시키는 친절함으로 성령은 우리를 압도한다. 우리가 성부와 성자에게 준 사랑에 대하여 성령은 질투하는 것이 아니다.

Nabij God te zijn. Chap II. 22. 사랑과 보혜사.

성경은 성령께서 우리 속에서 사랑으로 거하실 뿐만 아니라, 그가 우리의 마음속에 사랑을 펴고 있다는 것을 가르친다.

Nabij God te zijn. Chap II. 21. 우리 안에 있는 성경의 사랑.

'성령 하나님은 살아계시며, 존재하시고, 모든 하나님의 아들들에게서 그들 자신이 하나다'라는 것을 느끼게 한다.   Nabij God te zijn. Chap II. 20.

성령께서는 치료자로서 타락된 자를 고치시고, 예비 된 은혜의 전달자로 오셨을 뿐만 아니라, 인생의 상처에 향유를 부으시고, 흠을 고치시며, 청춘을 새롭게 하신다.

Nabij God te zijn. Chap III. 10.

하나님의 성령은 성격상 창조에서 나타나고, 은혜에 있어서는 재창조로서 나타난다.

Nabij God te zijn. Chap III. 10.

성령의 재창조는 중생 된 자 안에서 이미 점화된 영생의 불꽃을 활기 있게 하며, 자연적 생명의 불꽃을 지속케 한다.

Nabij God te zijn. Chap III. 9.

성령님 스스로가 우리를 떠나신다면, 신앙과 사랑 또는 기도의 활동 이 모든 것은 즉각적으로 절름발이가 될 것이다.

Nabij God te zijn. Chap III. 43.

성령께서 우리를 위하여 기도하실 때는 비록 그가 우리의 마음속에 계시지만, 우리와 무관하게 기도하신다. Nabij God te zijn. Chap III. 42.

모든 죄인의 기도는 하나님의 영원한 사랑의 아름다운 조화를 깨뜨리는 불협화음이다. 이러한 불협화음에도 불구하고 기도는 성령께서 그 줄을 원래적으로 인간의 마음속에 두셨다는 사실을 명확하게 해준다.

Nabij God te zijn. Chap III. 41.

우리는 성령을 통하지 않고 성자와 친분을 가질 수 없으며, 아무도 성령께서 우리에게 소개해주신 성자를 통하지 않고서는 성부와 친분을 가질 수 없다. Nabij God te zijn. Chap III. 41.

완전하고 무오한 성경을 교회에 주시려는 것은 성령의 전 포괄적인 사역이다. 이러한 전적 포괄적인 작용을 기계적이 아닌 유기적이라고 한다.

Nabij God te zijn. 제4장. 16.

영감은 성령님의 특수하고 독특한 작용인데 성령께서 성경 저자들의 심중에 기록할 행위를 지시함이다. Nabij God te zijn. 제4장. 16.

진리의 기둥과 터인 교회에 위탁된 성령의 선물인 성경이라는 형태로 기록하게 하셨다. Nabij God te zijn. 제4장. 16.

성경의 작용은 신앙의 진작만 아니라 신앙을 훈련하는 것을 포함한다. 성경은 죽은 문자나 비영적이요 기계적인 존재가 아니라, 영적 생명이 있어 생수의 원천이요 영생의 열린 샘이다. Nabij God te zijn. 제4장. 12.

회개는 중생자의 자의적 행위가 아니다. 왜냐하면 성령님 없이 회개와 중생이 따라오는 것이 아니기 때문이다. 성령님께서는 지금 성도 안에 거하신다. Nabij God te zijn. 제5장. 29.

성령님은 그리스도의 몸을 예비하셨고 메시아의 인성을 영광스러운 은사들로 장식하셨다. Nabij God te zijn. 제6장. 22.

베자(Beza)와 고마루스(Gomarus)는 영원하신 성령을 그리스도의 신성으로 해석하였다. 또한 칼빈과 대부분의 종교 개혁자들은 이를 성령으로 생각하였다. Nabij God te zijn. 제6장. 22. 그리스도의 열심 안에서의 성령.

성령의 빛과 내재 없이는 우리의 인성은 불완전하다.
Nabij God te zijn. 제6장. 21.

오순절의 기사들을 상징적인 것이나, 또는 어떤 감정을 도출하려는 의도에서 된 것이라고 보지 않고, 오순절 기사들은 성령님의 부어주심과 별개의 것이 될 수 없으며 또한 오순절 기사는 성령님의 부어주심에 기인한 것이다라고 믿는다. Nabij God te zijn. 제7장. 27.

성령님은 우리에게 성경을 주셨고 신앙의 기능을 주셨을 뿐만 아니라, 우리의 구원의 보증이 되신다. Nabij God te zijn. 제7장. 41.

성령님은 바울과 요한과 베드로를 그들의 사역에 적합하도록 준비를 하셨고, 그들의 생활을 지시하셨을 뿐만 아니라 환경과 상태까지도 마련하셨다. Nabij God te zijn. 제9장. 34.

영감 자이신 성령님만이 성경을 올바르게 해석을 할 수 있다. 따라서 어떤 해석도 성경 자체를 대신 할 수는 없다. Nabij God te zijn. 제10장. 38.

성령님은 성경을 통해 우리들의 죄인 된 자화상을 보여줄 뿐만 아니라, 우리의 구원이 하나님의 자비하심에 있음을 보여준다. 성령님은 우리로 하여금 그 입술의 찬양을 통해 듣기를 원하신다.

Nabij God te zijn. 제10장. 38.

하나님의 말씀은 성령님의 자식이다. 왜냐하면 성령님께서 말씀을 낳으셨기 때문이다. 우리는 말씀을 전적으로 성령님의 특수하신 활동에 기인한 것으로 본다. 성령님은 말씀의 맨 처음 창조자 즉 말씀의 원칙적 저자이시다.　　　　　　　　　　　　　Nabij God te zijn. 제10장. 38.

성령님은 말씀을 통해 우리에게 첫째는 확신을 주고, 둘째는 해석케 하며, 셋째는 말씀을 적용케 하신다.　　Nabij God te zijn. 제10장. 38. 말씀의 사역.

우리가 하나님의 말씀을 읽을 때 성령님은 우리로 하여금 그 성경 구절을 기억나게 하신다. 다시 말해서 성령님은 우리로 하여금 하나님의 말씀을 기억하게끔 깊이 역사하신다. 이것이 성령님의 직접적인 적용이다.　　　　　　　　　　　　　　　　Nabij God te zijn. 제10장. 38.

오순절 날에 임하신 성령의 기름 부음은 처음으로 부어졌고 단번에 부어졌다. 그 시간 후로 성령께서는 계속해서 교회 안에 거하셨고, 결코 교회를 떠나지 않으며, 영원히 교회 안에 교회와 함께 거하실 것이다.
　　　　　　　　　　　　　　　　　　　　　Nabij God te zijn. 제77장.

성령께서는 우리를 거듭나게 하심으로써 우리가 하나님과의 인격적인 교제를 가질 수 있게 하셨다. 또한 성령은 우리가 하나님을 찾을 때까지 기다리지 않고 하나님께서 먼저 우리에게 가까이 오시는데 밖으로부터 오지 않고 안으로부터 오신다.　　　　Nabij God te zijn. 제83장.

성령의 사역은 사람을 중생케 하여 하나님의 자녀가 되게 하시는 것 외에도 모든 피조물에게 역사하신다. 또한 성령은 치료자로서 타락 자를 회개시키고 은혜의 전달자로 오셨다.　　Het Werk Van Heilige Geest. 1880. p.60.

성령에 대한 지식의 유일한 근원은 성경이고, 성령은 성경의 최초의 원저작자이다. Het Werk Van Heilige Geest. 1888. p.72.

성령께서는 하나님의 말씀과 말씀의 하나님을 통해서 믿음을 창출하신다. Het Werk Van Heilige geest. 1888. p.176-167.

성령님으로 하여금 신약 성경의 각 부분을 준비하신 분은, 교회의 왕이신 예수 그리스도이시다. Het Werk Van Heilige Geest. p.229.

성령께서는 성경 저자들의 심중에 기록할 내용을 정확히 지시하셨다. Het Werk Van Heilige Geest. p.152.

성령님은 성경 말씀과 함께 임하는 것이니 그 말씀은 영감되고 준비된 말씀이며 성령 자신 즉 하나님이 준비하시고 기록하신 말씀이다. Het Werk Van de Heilige Geest. p.193.

성령님은 중생의 사역자요, 회개와 칭의와 성화의 모든 단계 또는 구원의 영화와 구속받은 모든 축복의 사역자이다. Het Werk Van Heilige Geest. p.186.

성령님은 성경을 통해서 우리들의 죄인 된 자화상을 보여준다. 또한 우리의 구원이 하나님의 자비하심에 있음을 보여주며, 또한 성령은 우리로 하여금 그의 입술의 찬양의 노래를 듣게 하신다.

Het Werk Van den Heilige Geest. p.254.

살아 있는 하나님의 성령을 받지 아니하면 칼빈주의도 무력하다.

Calvinism,1898, p.261.

선지자들을 통해 말씀하셨으며 사도들에게 영감을 주셨던 분은 바로 성령이시며, 사도들을 통해서 자신을 구체적으로 나타내신 분이 성령이기에 성령은 성경의 원저자이시다. Principles of Sacred Theology. p.450.

성령론

성령님의 사역은 중생자가 되도록 하는 단순한 말씀의 사역만이 아니라, 전파된 말씀에 의하여 각자의 심령과 생활 속에 깊이 들어가서 효과 있게 사역하신다. Werk van Heilige Geest. 제5장. 28.

설교자가 교회에서 설교를 할 때, 그 시간에 성령의 역사로 회개하는 것을 알게 된다. Werk van Heilige Geest. 제5장. 28.

성령님의 이러한 부르심은 하나님의 말씀 선포를 통해서 진행되며, 중생된 죄인을 사망에서 일으키는 부름을 부르신다. 또한 그리스도는 그에게 빛을 주시려고 부르신 것이다. Werk van Heilige Geest. 제5장. 27.

죄인은 본성으로는 귀머거리이기에, 듣기 위해서는 들을 만한 귀를 받지 않으면 안 된다. 왜냐하면 죄인 된 본성으로는 성령이 교회들에게 하시는 말씀을 들을 수 없는 존재이기 때문이다.
Werk van Heilige Geest. 제5장. 부르심과 회개. 27. 중생자의 부르심.

참된 신앙은 성령으로 말미암아 우리 안에서 생기는 것이며, 성령께서 우리 속에 심으시는 모든 것은 그리스도로 말미암은 것이다.
Werk van Heilige Geest. 제4장. 26.

성경이 말한 표현 즉 예수님은 죽으시고 부활하셨으며, 우리가 그리스도와 함께 죽고 함께 그 안에서 살리심을 받았다는 것은, 형식적이거나 은유적인 말이 아니라 진실한 표현이다. Werk van Heilige Geest. 제4장. 26.

콤리(Comrie)와 베자(Beza), 콜브르게(Kohlbrugge)와 잔키우스(Zanchius)도 "주님과 연합하지 않은 신비는 아무것도 아니다"라고 말했다.
Werk van Heilige Geest. 제4장. 24.

칼빈은 개혁주의자들 중에 가장 엄격한 한 사람이며, "주님과의 영적인 연합은 성령의 불로 그에게 끊임없이 임하는 것이다"라고 했다.
Werk van Heilige Geest. 제4장. 24.

믿음은 말씀의 청종과 성령의 작용 하심에 의해서 사람에게 역사하고, 중생케 하고, 새사람으로 만든다. Werk van Heilige Geest. 제4장. 23.

성령님은 말씀을 통해서 죄인을 새사람으로 변케 하시는 사역을 하신다. 그래서 내적 소명은 외적 소명과 함께 교제하며, 또한 내적 소명은 외적 소명을 가져온다. Werk van Heilige Geest. 제4장. 23.

영적인 세계에 있어서 귀 머거리와 장님은 아무것도 볼 수 없으므로, 잠긴 눈과 닫힌 귀를 여는 작용 즉 성령을 통한 구원적 은혜의 작용이 있어야 한다. Werk van Heilige Geest. 제4장. 21.

성령님은 모든 인간에게 생명을 주는 생명의 영이다. 때문에 우리는 성령님을 주목해야 한다.　　　　　　　　Werk van Heilige Geest. 제4장. 20.

말씀의 선포와 성령의 사역은 신적이며 일치하게 사역한다. 그래서 말씀을 선포할 때 성령은 믿음의 재능으로 활기를 띠며, 이러한 것은 잠자는 자들을 일으키는 데 효과적이다.　　　Werk van Heilige Geest. 제4장. 19.

회개는 다만 질병의 치료가 아니고 죄에서 돌이키는 것이다.
　　　　　　　　　　　　　　　　Werk van Heilige Geest. 제3장. 18.

구속의 사역은 성령의 사역뿐만 아니라 성부와 성자의 사역이 포함된다.
　　　　　　　　　　　　　　　　Werk van Heilige Geest. 제3장. 17.

구속의 사역은 엄밀히 볼 때 성령론만을 취급하는 것이 아니라, 탁월한 영광으로서 구속 사역 안에서 삼위일체 하나님의 왕적 위엄이 비치고 번쩍이는 것이다.
　　　　Werk van Heilige Geest. 제3장. 예비적 은혜. 17. 예비적 은혜는 무엇인가?

그리스도는 하나님이시며 인간이셨고 신인(神人)이셨으므로, 이러한 신인의 성질은 교통할 수 있다.　　　Werk van Heilige Geest. 제2장. 15.

하나님과 함께, 하나님 안에서, 만물의 최종적 목적은, 하나님의 영광이 되게 하는 것이다.　　　　　　　Werk van Heilige Geest. 제2장. 13.

성경은 피조된 죄인이 하나님의 형상으로 지음을 받은 상태에서 타락된 것을 가르친다.
Werk van Heilige Geest. 제2장. 13.

종교적으로 교육된 불신자는 가장 무서운 진리에 대한 적이다.
Werk van Heilige Geest. Chap Ⅰ. 총론. 4.

기독교는 성경의 절대 무오성에서 출발한다. 우리는 창 1:27절에서 성령님의 직접적인 증거가 하나님께서 인간을 창조하시기 이전에 전능하신 하나님의 말씀이 있었다는 것을 얻을 수 있는 충분한 확증이 있다.
Werk van Heilige Geest. Chap Ⅰ. 총론. 4.

개혁교회의 고백은 가장 순수하고 훌륭한 성경 계시의 표현이다.
Werk van Heilige Geest. Chap Ⅰ. 총론. 6.

성상 숭배는 무서운 죄이다. 하나님께서 말씀하시기를 "너희는 내 앞에 어떤 조각한 형상이든지 만들지 말라"고 하셨다.
Werk van Heilige Geest. Chap Ⅰ. 총론. 8.

창 1:26절에 기록된 "사람"이라는 단어는 어떤 사람을 언급한 것이 아니라, 전체의 인간 즉 인류를 지칭한 것이다. 아담은 단순한 한 사람을 뜻함이 아니라, 우리들의 선조이며 우리와 언약 된 머리이다. 전 인류는 아담의 허리에 있었다.
Werk van Heilige Geest. Chap Ⅰ. 총론. 8. 성경을 따라서

성령론

성령의 특별한 사역은 인간의 마음속에 들어가 그 속에서 그가 하나님을 믿을 때까지 하나님의 은총을 선포하신다.

Werk van Heilige Geest. Chap Ⅰ. 총론.

거룩함에 있어서 첫 단계는 죄와 싸우는 것이고, 둘째는 죄가 멀어지는 것이고, 셋째는 죄가 정복되는 것이고, 넷째는 죄가 완전히 소멸되는 지경에 이른다.

Werk van Heilige Gest. Chap Ⅰ. 총론. 10.

기도자는 선행뿐만 아니라, 아침이나 밤이나 모든 피조물이 하나님의 영광이 온 땅에 충만해지도록 "거룩 거룩 거룩 주 여호와"라고 기도하여야 한다.

Werk van Heilige Geest

모든 것의 목적과 목표는 주 하나님만이 되어야 한다.

Werk van Heilige Geest

선행을 하려는 노력조차도, 하나님의 영광 없이는 불가능하다.

Werk van Heilige Geest

하나님의 뜻과 말씀은 절대적이어서 모든 것을 통제한다.

Werk van Heilige Geest

성령의 기름 부음

성령의 강림은 예루살렘에서 일어났던 오순절에만 국한된 것이 아니고, 오순절과 같은 성령 강림이 아직도 특수하게 존재하며, 대부분은 보다 약하고 수직적인 형태로 오순절 이후에도 반복되었다는 것이 명백하다.

Nabij God te zijn. 제7장. 26.

그리스도의 몸에서 성령 부으심은 반복적인 것이 아니라 단회적 사건임이 명백하고, 이스라엘 민족 중에서 활약하신 것이 명백하다. 또한 밖에서 성도들에게 작용하셨던 반면 신약 시대에 와서는 내부로부터 성도들에게 작용하신 것이다.

Nabij God te zijn. 제7장. 25.

누가 오늘의 교회에 성령 부어주심을 부인할 것인가? 성령 부어주심 없이는 중생도 구원도 있을 수 없다.

Het Werk Van Heilige Geest. p. 95, 99.

성령의 사역

성령님의 사역은 중생자가 되도록 하는 단순한 말씀의 사역만이 아니라, 전파된 말씀에 의하여 각자의 심령과 생활 속에 깊이 들어가서 효과 있게 사역하신다. Werk van Heilige Geest. 제5장. 28.

성령님은 자신이 자격을 주시고 생기와 영적 식견을 가진 설교자들에 의해 죄인들에게 말씀을 주신다. Werk van Heilige Geest. 제5장. 28.

성령님의 부르심은 비중생자를 부르시는 사람들의 부름이 아닌 것은, 중생 되지 못한 사람들은 들을 귀가 없기 때문이다.
Werk van Heilige Geest. 제5장. 27.

영원토록 성령님은 중생의 사역자요, 회개, 칭의와 성화의 모든 단계 또는 영화와 구속을 받은 자들의 모든 지복(至福)의 사역자이다.
Werk van Heilige Geest. 제5장. 27.

항거할 수 없는 성령의 내적 역사를 칼빈주의자들, 퓨리탄들 곧 미국으로 건너간 청교도들이 체험했었다. Calvinism.

성화는 우리 속에서 활동하는 성령 하나님의 활동인데, 이것으로 하나님은 우리에게 거룩한 경향을 알려주며, 내적으로 우리에게 그의 법 안에서의 즐거움과 죄에 대한 혐오로 가득 차게 하시는 것이다.

Nabij God te zijn. Chap Ⅰ. 13.

성화는 성령 하나님의 영광스러운 활동이며, 초자연적인 방법으로 그는 점차 죄를 행하려는 경향을 버리고, 중생의 경향으로 돌리고 거룩으로 옷 입게 한다. Nabij God te zijn. Chap Ⅰ. 11. 경건주의자와 완전론 자.

우리가 최대 관심을 가지는 성령의 사역은, 하나님의 형상을 따라 선택된 자들을 새롭게 함이다.

Nabij God te zijn. Chap Ⅰ.

우리는 성령께서 말씀을 주시고, 교회를 조명하심으로, 그는 그 자신에 대해서 보다 성부와 성자에 대해 더 많이 말씀했다고 말할 수 있다.

Nabij God te zijn. Chap Ⅰ.

성령님의 사역은 창세 때로부터 모든 피조물에게 영향을 끼쳤음을 뜻한다. Nabij God te zijn. Chap Ⅱ. 5. 피조물에 있는 생활원리.

성화는 성령의 사역을 고갈시키지 않는다. 이것은 비상한 활동이며, 인간의 죄를 향한 타락 때문에 필요한 것이다.

Nabij God te zijn. Chap Ⅱ.17. 자연적 사랑.

중생은 성령의 본질적 사역이다. Nabij God te zijn. Chap Ⅲ. 9.

기도는 나로부터 시작되는 것이 아니라, 나에게서 활동하시는 성령으로부터 오는 것이다. Nabij God te zijn. Chap Ⅲ. 41.

성경이 기록된 까닭은 성경을 읽으므로 생명을 얻는다는 점을 알게 함이다. 그러므로 성령께서 역사하지 않으면 이런 신적 예술품이 탄생할 수 없다. Nabij God te zijn. 제4장. 16.

영감은 성령님의 특수하고 독특한 작용인데 성령께서 성경 저자들의 심중에 기록할 행위를 지시함이다. Nabij God te zijn. 제4장. 16.

하나님의 말씀은 헛된 데로 돌아가지 않고 하나님의 말씀은 소리가 아니고 세력이다. 때문에 하나님의 말씀은 영혼을 쪼개어 심는 것이고 말씀의 배후에는 성령의 촉진하는 힘이 있다. Nabij God te zijn. 제4장. 14.

하나님의 독생자가 죄의 부패가 없이 우리의 타락된 성품을 취할 수 있는 것은 성령의 특수 사역이다.
Nabij God te zijn. 제5장. 19. 성육신의 신비에서의 성령.

회개는 중생자의 자의적 행위가 아니다. 왜냐하면 성령님 없이 회개와 중생이 따라오는 것이 아니기 때문이다. 성령님께서는 지금 성도 안에 거하신다. Nabij God te zijn. 제5장. 29.

그리스도의 고난과 죽으심과 부활 및 승천까지도 성령의 사역이라 할 수 있다.   Nabij God te zijn. 제6장. 22.

사도 바울은 "나도 또한 하나님의 영을 받은 줄로 생각하노라"(고전7:40)고 하였다. 그런 까닭에 교회를 향해 명령하고 제도를 세우며 판단하는 능력과 권위는 교회나 교회 회의나 사도직에서 비롯된 것이 아니라 직접 성령님에게서 온 것이다.   Nabij God te zijn. 제8장. 30. 사도들이 쓴 성경.

신약 성경에 있는 신앙과 관련된 성령님의 삼중 사역을 구별치 않을 수 없으니, 첫째는 사도들에게 준 계시라는 신적 작용이며, 둘째는 영감이라 불리는 작용이며, 셋째는 현재에 능동적으로 불신의 심령에 성경을 신앙케 하는 사역이다.   Nabij God te zijn. 제9장. 35.

성령님은 말씀을 통해 우리에게 첫째는 확신을 주고, 둘째는 해석케 하며, 셋째는 말씀을 적용케 하신다.   Nabij God te zijn. 제10장. 38. 말씀의 사역.

성령님의 사역은 오로지 그리스도 안에서 성화(聖化)이다.
                                       Nabij God te zijn. 제10장. 36.

성경은 성령님이 섭리하시고 정리하심으로 사람들의 필요에 알맞게 제공된 책이다. 또한 성경은 모든 시대와 국가와 성도들의 필요에 접해졌고 투쟁도 있어 왔다. 그러니 성경은 놀라운 신비의 책이 아닐 수 없다.
                                       Nabij God te zijn. 제10장. 38.

성령께서는 우리를 거듭나게 하심으로써 우리가 하나님과의 인격적인 교제를 가질 수 있게 하셨다. 또한 성령은 우리가 하나님을 찾을 때까지 기다리지 않고 하나님께서 먼저 우리에게 가까이 오시는데 밖으로부터 오지 않고 안으로부터 오신다. Nabij God te zijn. 제83장.

성령의 사역은 사람을 중생케 하여 하나님의 자녀가 되게 하시는 것 외에도 모든 피조물에게 역사하신다. 또한 성령은 치료자로서 타락 자를 회개시키고 은혜의 전달자로 오셨다.
Het Werk Van Heilige Geest. 1880. p.60.

성령의 사역은 말씀의 성육신과 메시아의 사역을 포함한다. 따라서 성령의 사역은 하늘과 땅의 모든 만물과 상관되지 않을 수 없다.
Werk Van Heilige Geest. 1888. p.7.

영감은 완전하고 무오한 성경(Volledige Onfeilare Schoriftuur)을 교회에 주시려는 전적인 성령의 포괄적 사역이다. Het Werk Van Heilige Geest. p.152.

성령의 사역 교리는 개혁주의 신앙의 기본 교리이다. (het Gereformeerd grondbeginsel). Werk Van Heilige Geest. 1888. p.12.

우리가 반드시 교회 개혁과 새로운 교회 건설을 추진해야 하지만, 어떤 경우에도 성령 하나님께서 우리에게 계시하실 보다 순수한 형식과 보다 고상한 건축학적인 양식에 따라서 전통적인 방법으로 시행되어야 한다.
우트레흐트 교회 위임 설교. 1860.11.10.

성령의 조명

복음 안에서 성령님의 거룩한 빛이 내 영혼에 조명될 때, 나는 예수로부터 이러한 신앙의 지식을 받는다. Nabij God te zijn. 제7장 41. p.633.

내가 모든 것을 알지라도 성령의 빛으로 예수를 알지 못하면, 나의 영혼은 불행으로 충만할 것이다. Nabij God te zijn. 제7장. 41.

복음의 내용을 성령님께서 비춰 주심에 의해 내가 배울 수 있으므로 나는 그 복음과 접촉하고 교제케 되는 것이다. Nabij God te zijn. 제7장. 41.

성경의 기록에는 성령님의 조명의 은사를 인정하고 있다.
Nabij God te zijn. 제8장. 30.

영감 자이신 성령님만이 올바른 해석을 할 수 있다. 따라서 어떤 해석도 성경 자체를 대신 할 수는 없다. Nabij God te zijn. 제10장. 38.

성령 충만

머리로만 복잡한 교리를 추구했던 지성주의 기독교보다, 구속의 감격에서 하나님께 영광을 돌리는 영성이 충만한 기독교를 따를 때 영혼의 영적 상태는 훨씬 더 좋았다.   Nabij God te zijn. 제10장.

'성령으로 충만하다'라는 것은 끊임없이 하나님을 따라가며, 거룩한 것들을 따라가려는 절박한 소원이 마음으로부터 일어나는 것을 느끼는 것이다.   Nabij God te zijn. 제97장.

성서 비평의 오류

성경의 합리주의적 해부가 그리스도의 교회에 해악을 끼친다. 유럽 대륙의 모든 신교 대학에서 오늘날 진행되는 성서 비평은 ①교회의 신학을 파괴하고, ②교회로부터 성경을 빼앗아 가고, ③그리스도 안에서의 교회의 자유를 파괴한다.

살아계신 하나님의 교회에 대한 파괴적 영향을 끼치는 현대 성서 비평. 1881.10.20.

성육신

하나님께서 인간이 되신 것 외에 무엇이 성육신이란 말인가? 만일 여러분이 주님 안에서 하나님께서 인간의 방법으로 여러분에게 오셨다는 것을 느끼지 못한다면 이것이 무슨 유익이 있겠는가?

Nabij God te zijn. 제5장.

그리스도는 한 인간적 인격으로 출생하시지 않으셨다. 다만 우리 인간의 성품을 스스로 취하셨으나 인간의 뜻으로 임신이 된 것이 아니요, 성령님의 사역으로 말미암았음이다.

Nabij God te zijn. 제5장. 19.

하나님의 독생자가 죄의 부패가 없이 우리의 타락된 성품을 취할 수 있는 것은 성령의 특수 사역이다.

Nabij God te zijn. 제5장. 19. 성육신의 신비에서의 성령.

성화

성화라는 것은 하나님이 우리에게 하나님을 통해서 일하도록 하시는 방법이다.
Werk van Heilige Geest. 제4장. 23.

성화는 이중의 의미를 갖고 있는데, 첫째 종말 사역에 있어서의 성화는 모든 선택이 주어지고 주입된다. 둘째는 그리스도가 시간과 환경에 따라서 회개하고 겸손케 되는 점진적인 사역으로서의 성화이다.
Werk van Heilige Geest. 제4장. 19.

성화는 하나님의 활동이고, 선행은 인간의 활동이라는 것을 인정하라. 또한 성화는 내부적으로 활동하는 것이며, 선행은 외부적으로 나타나는 활동이다.
Nabij God te zijn. Chap Ⅰ. 13.

성화는 우리 속에서 활동하는 성령 하나님의 활동인데, 이것으로 하나님은 우리에게 거룩한 경향을 알려주며, 내적으로 우리에게 그의 법 안에서의 즐거움과 죄에 대한 혐오로 가득 차게 하시는 것이다.
Nabij God te zijn. Chap Ⅰ. 13.

성화가 된다는 것은, 우리에게 능력을 주시는 그리스도를 소유하게 되는 것을 의미한다.
Nabij God te zijn. Chap Ⅰ. 7.

칭의는 즉시 완성되는 것이지만, 성화는 점차적으로 성장하는 것이다. 그러므로 불완전한 상태로 남아 있는 것이다.

Nabij God te zijn. Chap Ⅰ. 3.

칭의는 죄에서부터 떠나는 것이며, 성화는 더럽혀진 것으로부터 떠나는 것을 말한다.

Nabij God te zijn. Chap Ⅰ. 3.

성화의 특징은 하나님의 말씀으로만 받아들여질 수 있으므로, 이해할 수 없고 신비스러운 것이다.

Nabij God te zijn. Chap Ⅰ. 2.

중생으로 하나님과 하나님의 말씀을 사랑하게 되고, 회심으로 우리의 죄악 된 속성이 억제되고, 성화를 통해서 우리의 죄악의 삶이 다듬어져 간다.

Werk Van Heilige Geest. p.42.

▲ 카이퍼의 팸플릿 스콜라

세계관

신학 외에 교과 과정에 관하여 포괄적 의미에서 모든 학문(Wissens-chaft)은 신앙에 기초하여야 한다. 때문에 모든 사람은 두 개의 범주, 즉 하나님 중심이든가? 인간 중심이든가? 어느 한쪽의 신념에 속한다.

Vrije Universiteit 총장 취임식. 1880.10.20.

우리 기독교인들은 두 개의 왕국을 가지고 있습니다. 그래서 우리는 두 왕국 아래서 이중적인 백성으로 살아가고 있습니다. 이 두 왕국을 하나님께서는 우리에게 은혜로 주셨습니다. 그러나 우리의 잘못, 죄, 허물 때문에 두 왕국이 서로 대립하게 된 것입니다. 때문에 이 대립 속에서 우리는 오직 하나님의 거룩한 말씀의 빛으로 평가되고 판단되어야 합니다.

1887.6.16. 미들벅에서의 히 11장 '믿음의 용사'란 설교에서

진화론적 세계관이 국립대학의 학문적 경향을 지배하고 있는데 이대로는 안 되고, 대학 교육에 기독교적 세계관 교육이 필요하다. 왜냐하면 기독교 세계관과 비기독교 세계관 사이에는 근본적 대립이 있기 때문이다.

1904.11.3. 카이퍼가 의회에 고등교육법을 제안하면서

기독교 세계관은 성경의 계시로부터 파생되어 성격상 인본주의 세계관과 정면 대립한다. 그리고 이 정면 대립은 영구히 존재할 것이며 모든 학

문의 세계까지 확장될 것이다.

카이퍼의 수상 때 연설. 고등교육법 제안. 1904.3.11.

화가나 조각가는 선교사들처럼 하나님께 대한 사랑으로 인해 하나님께 진실된 영광을 돌려 드리도록 해야만 한다.

Nabij God te zijn. 제41장. p.212.

모든 학문은 그들의 전공 분야에서 확실한 성경적 세계관으로 연구해야 한다. 따라서 신학부는 인간의 마음속에 있는 악과 싸워야 하고, 의학부는 인간의 몸속에 있는 병과 싸우고, 법학부는 사회의 법률적 악과 싸워야 한다.

Principle of Sacred Theology. p.210-211.

바른 교육 특히 칼빈주의적 세계관을 가진 교육은 획일적인 유물주의 교육관과 투쟁해야 한다.

Souvereiniteit in Eigen Kring, 1880. Vrije Universiteit 취임 연설.

중생자와 비중생자는 근본적으로 서로 다른 마음을 갖고 있기에, 그 둘은 사물을 인식하고 판단하는 데도 서로 반대되는 입장을 갖고 있다. 때문에 이 땅에는 두 종류의 인간과 두 종류의 학문이 있을 뿐이다.

Encyclopaedie der Heilige Godgeleerelherd. 1894. II. p.101.

칼빈주의적 예술이란, 하나님을 중심 한 칼빈주의 세계관으로 하는 예술 활동이다.

Calvinesme. p.196.

진화론적 세계관이 여러 분야에 해악을 끼치지만, 그중에서도 윤리 분야에서 아주 나쁜 영향을 끼쳤다. 여기에는 정치 지도자들은 진화론의 적자생존 개념을 채택해서 강대국이 약소국을 침략하는 것과 영토 확장 주의를 지지했다.

Evolutie. 1899. p.3.

▲ 카이퍼가 만든 당인 반혁명당 기관지

소망

믿음은 골방에서 무릎을 꿇는 것이며, 소망은 환상 속에서 하늘나라가 열리는 것을 보게 하고, 사랑은 우리를 다시 세상으로 되돌려 보내어 우리가 다른 사람에게서 받았던 위안의 보물을 다른 사람에게 되돌려 주는 것이다.
Nabij God te zijn. Chap Ⅱ. 23.

사랑은 가장 좋은 것이고 우리를 하나님에 대한 위안을 얻는 존재로 만든다. 왜냐하면 하나님은 사랑이시기 때문이다. 그리고 믿음은 우리를 하나님과 연합하게 하며, 소망은 우리를 하나님께로 들어 올린다. 결국 사랑은 믿음과 소망의 결실이다.
Nabij God te zijn. Chap Ⅱ. 23.

스토아 학파

하나님의 말씀 속에서 우리는 맹종 또는 단념, 운명을 달게 받으라는 말을 발견할 수 없다. 왜냐하면 그것은 고대 헬라의 스토아 학파 철학자들과 회교의 숙명론에서 나왔기 때문이다.

Godzaligheid. p.70.

우리 중에는 고대 헬라의 스토아 학파와 회교의 숙명론을 받아들이는 자들이 있다. 이는 성경적 예정 교리와 숙명론을 혼돈하고 있기 때문이다.

Godzaligheid. p.71.

▲ 카이퍼가 시무했던 암스텔담 교회

시간

시간은 하나님께서 우리에게 은혜로 주신 존재의 형식이다. 그러나 시간은 실재하지 않고 영원만이 실재한다. Nabij God te zijn. 제60장.

시간을 해와 날로 구분하는 것은 우리가 발명하지 않았다. 그것은 전적으로 하나님께서 우리를 위해 정하셨다. Nabij God te zijn. 제60장.

하나님께서는 여러 세기를 시계의 숫자판처럼 매 시간, 매 분을 재고 계신다. Nabij God te zijn. 제60장.

▲ 카이퍼는 223권을 저술한 다 작가였다.

시편

시편의 언어 자체가 우리의 영혼을 위로 끌어 올린다.

Nabij God te zijn. 제93장.

시편 기자는 하나님을 찬송하려고 할 때, 그는 천사들에게 하나님을 찬송하라고 요구한다(시 103:20). 때문에 하나님을 경외하는 자들 주위에는 진을 치는 여호와의 군대가 있다.

Nabij God te zijn. 제94장.

▲ 카이퍼의 근동 여행기

신비주의

신비주의의 영향에 빠진 자들은 '크리스천의 정치라는 것은 타락한 것이고, 불경건한 것이므로 거부해야 한다'는 생각을 갖고 있다.

1887.8.18. 우트레흐트 A.R.P 전당 대회 연설.

교리적 고백만 중시하면 삭막한 정통주의에서 영혼은 고갈하고 만다. 마찬가지로 교리적 교범을 명백히 알지 못한 채 영적인 감성만 내세우면 병폐적 신비주의 늪에 빠지고 만다.

Nabij God te Zijn, 서문. 1908.

신비주의에 지나치게 몰두하는 것은 언제나 타락으로 끝이 났다. 왜냐하면 신비주의는 어둠이요, 혼돈이고, 밤의 암흑이다. 그러나 우리의 의식에는 빛이 있다.

Nabij God te zijn. 제46장.

계시 된 진리 외에 증가 되는 일은 없다. 때문에 계시를 더 받는 일이 가능하다고 생각하는 병적인 신비주의는 19세기 동안에 성경에 단 한 줄도 보태지 못하였다.

Nabij God te zijn. 제67장.

상징주의자들은 사람의 감성을 자극하는 의식과 음악을 좋아한다. 그러니 그들은 즐거운 종교적인 느낌에서 오는 신비한 흥취를 만끽하려 한다.

Antithesis between Symbolism and Revelation. p.16-17.

신앙

사도 바울은 신앙을 현세적 은혜라고 가르친다(a temporary grace).

Werk van Heilige Geest. 제2장. 15. 우리의 불의.

성령님 스스로가 우리를 떠나신다면, 신앙과 사랑 또는 기도의 활동 이 모든 것은 즉각적으로 절름발이가 될 것이다.

Nabij God te zijn. Chap III. 43.

기적은 하나님의 전능하심에 의한 것이요, 신앙에 대한 응답이다.

Nabij God te zijn. 제7장. 41.

구원에 이르는 신앙은 언제나 그리스도께서 성경의 이름과 같이 유일하신 구세주이시며, 그 자신의 구주이심을 확신케 되는 영적인 사람들의 성향을 이해하는 것이다.

Nabij God te zijn. 제7장. 38. 신앙의 기능.

신앙에는 3단계가 있다. ①성경이 증거하는 지식(Knowledge of the testimony) ②계시된 사실들을 확신함(Certainty of the things revealed) ③계시가 나를 인격적으로 확신케 하는 설득(persuasion that this Concerns me Personally)이 있다.

Nabij God te zijn. 제7장. 37.

신앙은 우리 자신을 성경에서 말한 그리스도에게 순종하는 것이다.

Nabij God te zijn. 제7장. 37.

우리는 성경의 참됨을 신앙하고 성경을 주신 하나님을 신임하며 그 내용의 참됨을 신앙하는 것이다. Nabij God te zijn. 제7장. 37.

우리는 성경에 기록된 모든 증거를 믿는다고 말하면 그리스도를 영접함이요, 우리는 예수의 안내를 받아 피난처에 도달할 수 있다.

Nabij God te zijn. 제7장 37.

칼빈은 '구원에 이르는 신앙의 대상은, 성경에 언급한 중보자 외에는 결코 아무도 없다'고 말하였다. 따라서 우리는 구원에 이르는 신앙의 대상을 조건 없이 받아들여야만 한다. 또한 구원에 이르는 신앙은 죄인에게 필요한 것이니 그들이 죄인된 한에서는 구원에 이르는 신앙을 가져야 한다. Nabij God te zijn. 제7장. 37. 성경에서의 신앙.

신앙은 일종의 확신과 설득력으로 구성되고, 이러한 확신과 설득력은 신앙을 생산하는 것이 아니라 의식할 수 없는 진리의 확신과 설득의 증거이다. Nabij God te zijn. 제7장. 36.

구원에 이르는 신앙은 성경에 나타난 대로, 그리스도께서 나를 위해 자신을 계시하시고 헌제(獻祭)하신 것을 확실함이 요청된다.

Nabij God te zijn. 제7장. 35.

모든 참된 종교, 진실한 신앙심, 실제적인 경건은 인간이 하나님의 형상대로 지음 받았다는 사실에 근거한다.   Nabij God te zijn. 제12장.

우리는 성경을 개인적으로나 온 가족이 함께 읽을 때, 모세나 요한이 아니고 나의 하나님 여호와께서 나에게 말씀하신다고 확실히 믿어야 한다.
                                        Biblical Critism of present day. p.417-418.

▲ 카이퍼가 태어난 마슬루이스. 이 교회는 그의 아버지가 목회했던 교회이다.

신앙 고백

우리의 선조들은 성경과 신앙 고백에서 언약의 교리를 강조하였다. 그것은 행위 언약과 은혜 언약이다.
Nabij God te zijn. Chap III. 10.

교회의 회중 앞에서 '예수 그리스도를 나의 생명의 구주로 믿는다'라고 고백한 세례자의 신앙 고백은 끝이 아니고 시작이어야 한다.
The Implicalion of pablic confession p.13-14.

▲ 청년 시절의 카이퍼

신앙과 불신앙

철과 진흙이 서로 결합 되거나 섞일 수 없듯이 본질상-신앙과 불신앙 사이에서 공유하는-서로 다른 것이므로 영원히 결합되어 나갈 수 없다.

1885.6.30. 헤이그 교회. 다니엘 2:43절을 읽고 설교

기독교 학문은 신앙의 본질적 성격과 세상 속에 있는 죄의 실제성, 그리고 그리스도 안에서 발견되어지는 구원에 대한 성경의 계시를 인정한다. 따라서 신앙과 불신앙 사이의 근본적 대립은 기독교적 학문과 비기독교적 학문 사이에 공통 영역이 있을 수 없다.

1904.2.25. 카이퍼의 의회 연설문

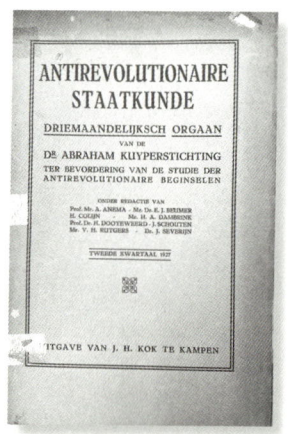

▲ 반혁명당 기관지

신전 의식

칼빈주의자는 감정이나 의지에만 국한한 종교를 생각할 수 없다. 때문에 인간의 모든 재능과 능력을 포함한 인간 전 존재는 신의식(Sensus divinitatis)으로 젖어야 한다.   Calvinism.

사람들이 어디에 서 있든지, 무엇을 하든지, 자기 손에 무엇을 쥐고 있든지, 농업이나 상업이나 또한 그의 생각이나 예술계나 과학계나 어디에 손을 대고 있든지, 그런 것이 무엇이든지 간에 사람은 끊임없이 하나님의 면전(Coram Deo)에 서 있어야 한다.   Calvinism.

칼빈주의자는 하나님의 면전 앞에 있고, 하나님을 보며, 하나님과 동행하며, 자기의 전 존재 속에서 하나님을 느끼고 있다.   Calvinism.

칼빈은 "각 사람의 마음속에 종교의 씨앗(Semen Religionis)이 숨어 있다"고 주장했으며, "신의식(Sensus Divinitatis)은 그것을 신앙으로 고백하든지 아니하든지 간에, 강한 정신적 긴장의 순간에 작용한다"고 말했다.
                                                              Calvinism VI.

하나님을 하나님으로 받드는 사람만이 참된 신앙인이다. 그러므로 하나님의 위엄 앞에서는 왕도, 빈민도 저울 위에 놓은 작은 먼지와 같고, 인간은 하나님의 면전에서 볼 때 한 방울의 물처럼 실로 아무것도 아니다.

Calvinisme and confessional Revision. 1891. p.378-379.

▲ 카이퍼가 시무했던 암스텔담 새 교회 앞에 선 필자

신학

학문의 한 분야 즉 신학이 하나님에 관한 지식을 목적으로 하여 그 영역을 잘 개척해 나갈 뿐만 아니라, 모든 분야의 학문이 총괄적으로 하나님의 영광을 드러내게끔 되어야 한다.　　　　　Nabij God te zijn. 제40장.

신학은 칼빈주의적 처방을 요구하는 많은 학문의 분야에 불과하다. 철학, 심리학, 심미학, 법률학, 사회과학, 문학, 심지어 의학, 자연 과학 등이 모든 각 학문은 철학적으로 생각할 때 원리들도 귀착된다.

　　　　　　　　　　　　　　　　　　　　　　　Calvinism VI.

자신을 계시하신 하나님은 기독교 신학의 원천이며, 신학은 성경 곧 하나님의 말씀이라는 기본 틀 위에 이루어진다.

　　　　　Bibliotherica sacra, vol 61. "The Biblical Critism of present Day". p.409-442.

기독교 신학의 연구 목적은 종교가 아니고 하나님이다. (not Religion but God).

　　　　　　　　　　　　　　Principles of Sacred Theology. p.213-214.

실천적인 기독교(행함)

실천적인 기독교를 아무 소용이 없는 것처럼 비난해서는 안 된다. 반대로 기독교는 그러한 실천적인 활동이 절대 필수적인 것이다. 단지 그 활동에 깊이만 더 첨가하면 된다. Nabij God te zijn. 제30장.

▲ 카이퍼가 발행한 Standaard지

십자가

십자가에서 얻은 용서에 대한 뜨거운 감사로 우리의 영혼을 채우지 않는다는 것은 정말 통탄할 일이다.
Nabij God te zijn. 제91장.

자유주의가 아니라 십자가이고, 주 예수여 오시옵소서!이다(Maranatha). 이 두 연설은 예수 그리스도의 십자가 사건과 그의 오심 사이를 살아가는 그리스도인들은 반드시 정치에 참여해야 한다는 것을 말하고 있다.
1889.5.3. Anti-Revolution Party 연설

당신의 믿음을 위협하고 약화시키고 혹은 당신의 믿음을 방해하는 것은 모두가 당신의 십자가이다.
Godzaligheid. p.92.

하나님이 인도하시는 길은 십자가를 지고 걸어가는 것이다.
Godzaligheid. p.91.

양심

양심을 매장당한 사람들로 구성된 나라는 벌써 그것만으로도 국가의 힘을 상실하고 있는 셈이다.
Calvinism. III.

우리가 세상에 의해서 유혹을 받고, 성령에 의해 내적으로 활기를 얻을 때는 언제나 양심과의 충돌이 있다.
Nabij God te zijn. Chap II. 28. 사랑의 수고.

양심의 빛이 갑작스럽게 환하게 밝아져 여러분의 일생을 비추고 지나가면, 여러분은 하나님만이 의로우시다고 인정하는 것 외에 아무것도 할 수 없을 것이다.
Nabij God te zijn. 제52장.

우리의 양심은 그리스도에게서 온 것이다. 왜냐하면 예수 그리스도 자신이 인류의 양심이기 때문이다.
Nabij God te zijn. 제56장.

하나님을 보지 않기 위해 눈을 감을 수 있지만, 그때도 하나님께서는 계속해서 그의 양심에 하나님의 임재를 계시한다.
Nabij God te zijn. 제65장.

여호와 하나님

인간 영혼의 본질을 만드신 분은 오직 여호와 한 분이시다.

Nabij God te zijn. 제24장.

'여호와'라는 이름이 하나님의 존재를 나타내는 표현인 한에서, 이 사실이 훨씬 더 고상한 의미로 우리 하나님께 적용될 수 있다.

Nabij God te zijn. 제46장.

성경에서 여호와의 이름이 지닌 의미는 크고 광대하다. 그리고 그 이름은 우리를 감정의 조류에서 불러내어 더 고귀하고 더 분명한 의식에 이르게 한다.

Nabij God te zijn. 제46장.

"여호와" 곧 "나는 스스로 있는 자니라"는 이 놀라운 이름은, 지속하는 것, 머무르는 것, 영원한 것, 변치 않는 것을 계시하며, '반석'이라는 이름과도 합하여진다.

Nabij God te zijn. 제47장.

연합

연합하고 연결하는 것은 성령이다. 진리의 영이신 성령께서만 그의 가장 큰 사역을 완성시킬 수 있는 것인데, 그것은 사랑의 양성을 나타내는 것이다.

Nabij God te zijn. Chap II. 30.

성부 하나님은 성자를 사랑한다. 그리고 성자의 몸은 교회이다. 그러므로 아무도 그의 몸인 교회와 연합하지 않고서는 구원받을 수 없다.

Nabij God te zijn. Chap II. 30.

하나님은 사랑이시며, 성령을 통하여 사랑은 하나님의 아들들에게 거하신다. 그리고 그 아들들은 그들의 한 몸에서의 영광스러운 머리 아래서 하나로 연합된, 즉 똑같은 생활, 똑같은 사랑에 의해서 하나가 되는 것이다.

Nabij God te zijn. Chap II. 20.

성령의 사역은 다시금 성부로부터 우리의 구속 사역이 진행되고, 성자 안에서 연합되고, 성령께서는 우리에게 이러한 연합과 거룩한 교제의 개념과 의식을 주시는 것이다.

Nabij God te zijn. Chap III. 43.

그리스도의 몸을 세우고 부름을 받은 모든 자는 연합하게 된다.

Nabij God te zijn. 제8장 29. p.247

영생

하나님을 아는 지식, 바로 그 자체가 영생이다. 따라서 이 지식을 가지고 있는 사람은 이미 지금 영생을 소유한 자이다.

Nabij God te zijn. 제25장.

영생은 여러분의 힘을 북돋우어 주며 격려해 주는 것이다.

Nabij God te zijn. 제25장.

하나님을 아는 것이 영생이라면 하나님에 관한 지식은 실생활과 절대로 떨어질 수 없다. 때문에 영생은 내세에 누리는 생명뿐 아니고 현재 누리는 것임을 상기하라.

Nabij God te zijn. 제30장.

영역 주권

영역 주권이란, 피조물과 모든 국민들에게 머물러 계시는 그리스도의 우주적 통치를 말한다. 1880.10.10. 뿌라야 대학교. Souvereiniteit in eigen Kring

영역 주권의 의미는 그리스도는 창조 세계의 다양한 영역들 속에 각기 나름대로 고유한 주권을 위임하셨다는 것이다. 때문에 이러한 각 영역이 갖고 있는 고유한 주권은 현대의 중앙집권적 국가에 의해서 압제 되어서는 안 된다. 1880.10.10. 뿌라야 대학교 메시지. Souvereiniteit in eigen Kring

교육의 영역은 정부의 통제로부터 자유로워야 한다.
1880.10.10. 뿌라야 대학교 메시지. Souvereiniteit in eigen Kring

영역 주권론은 기독교인이 하나님의 영광을 위해서 창조된 세상의 모든 영역 속에서 활동하는 것을 고무한다. 젊은이들이 개혁주의적 원리에 입각한 이론과 실천을 통해서, 교회와 정부와 그리고 여러 다른 영역들에서 활동하도록 교육받을 수 있다.
1880.10.10. 뿌라야 대학교 메시지. Souvereiniteit in eigen Kring

칼빈주의는 가정이나 사업이나 학문이나 예술 등 모두를 사회적 영역으로 보고, 그 영역들이 국가에 의존하지 않고 국가 권력으로부터 삶의 법

칙을 받지도 않도록 한다. 오직 자기들의 영역 속에 있는 높은 권리에 복종한다.
Calvinism. III.

칼빈주의는 가정의 영역에 결혼권과 가내 평안권과 교육권과 소유권 등의 권리를 가지고 나름의 영역을 편다.
Calvinism. III.

모든 것이 하나님의 영광을 위해서 행해져야 하기에 하나님의 규례는 개인, 가정, 국가 등 삶의 모든 영역에 있어서 참다운 가르침이 된다. 따라서 성경은 심지어 우리의 정치적 입장에 있어서도 기준이 된다.
1897. A.R.P 선거 캠페인

우리는 화가, 조각가, 선교사, 자선가처럼, 하나님께 대한 사랑을 품고, 모든 영역에 하나님께 진실한 영광을 돌리도록 해야 한다.
Werk Van Heilige Geest. p.313.

하나님 없는 세속 학문과 하나님 중심적 학문은 확실히 구분된다. 하나님의 절대 주권을 믿을 때 국가는 절대 권력을 가질 수 없으며, 하나님은 각 영역에 주권을 분산하여 그들이 처지에서 하나님께 영광을 돌리게 한다.
Souvereiniteit in Eigen Kring, 1880. 총장 취임 연설.

영역 주권이라는 개념은 성경의 핵심이며 개혁교회 성도들에게 생활의 중심이다.
Souvereiniteit in Eigen Kring, 1880. 총장 취임 연설.

하나님의 주권을 말하면서 우리 인간이 살고 있는 이 세상에는, 모든 것을 주장하시는 그리스도께서 내 것이라고 주장할 수 없는 땅은 단 한 치도 없다.	Souvereiniteit in Eigen Kring, 1880. 총장 취임 연설.

각 영역 주권의 근원은 국가가 아니고 하나님 자신이다. 만약 영역 주권이 없다면 국가는 무한한 절대 권력을 갖게 된다. 그렇게 되면 국민의 생활 방식, 그들의 권리, 양심 심지어 신상까지도 국가가 결정하게 된다.
Souvereiniteit in Eigen Kring, 1880. Vrije Universteit 총장 취임 연설.

▲ 1880년 10월 암스텔담 교회에서 Vrije Universiteit를 창설하고, '영역 주권'을 선포했다.

영적 전쟁

그리스도와 사탄 사이의 투쟁은 평화의 왕이 승리할 때까지 계속될 것이다.

Maranatha 연설문. 1891

전투에서 명예롭게 임하고 승리의 소망을 가지려면 원리를 이길 원리를 정비해야 한다. 현대주의는 모두를 포함하는 삶의 체계의 거대한 힘으로 우리를 공략한다고 느낀다.

Het Calvinism. 삶의 체계로서의 기독교. I 장.

하나님의 자녀가 하나님께로 숨으면 그 싸움은 더 이상 그 자녀와 세상의 싸움이 아니라 이 세상과 하나님의 싸움이 된다.

Nabij God te zijn. 제58장.

이제는 자연에 대한 싸움이 아니고, 강도와 살인의 욕망에 대한 싸움도 아니고, 세상 나라가 하나님의 나라를 대항하는 싸움이 일어났다.

Nabij God te zijn. 제69장.

죽을 때까지 우리는 마음속에 있는 죄, 곧 부정한 씨앗들과 계속해서 싸우게 되어 있다.

Nabij God te zijn. 제76장.

죄가 하나님께 대항하기 때문에 죄와 싸울 때만 여러분의 싸움이 거룩하고 고귀한 성격을 띠게 된다.
Nabij God te zijn. 제95장.

국가의 직무뿐만 아니라 삶의 모든 영역에서 그리스도인들은 예수 그리스도의 군사로서 믿음의 선한 싸움을 싸우기 위하여 부르심을 받았다.
Practeit van Godzaligheid p.58.

죄를 대적하는 영적 전쟁 없이, 교회를 위한 참된 열심은 있을 수 없다.
Godzaligheid. p.58.

우리는 그리스도와 함께, 그리스도를 위하여, 그리스도의 지도 아래 싸워야 한다. 그것이 그리스도인의 경건이고 영적 전쟁이다.
Godzaligheid. p.58.

사탄과의 싸움은 이미 그리스도의 승리로 판가름 났다. 그 증거로 그리스도께서는 3일 만에 다시 살아나셨고 우리는 그를 믿음으로 구원에 이른다.
Keep the Solemen Feasts. p.299.

영적인 잠

18세기에는 많은 사람이 잠들어 있다가 19세기에는 깊은 잠의 영이 일어났고, 지금 20세기에는 점차 종교가 깨어나고 있지만, 아직도 거짓되고 신비한 꿈속에서 꾸벅꾸벅 졸고 있다.

Nabij God te zijn. 제106장.

지난 세기의 교회들은 로마 가톨릭 교회와 투쟁을 하느라고 기진한 나머지 잠이 들어버렸다. 그래서 잎과 꽃잎이 가지에서 말라지게 내버려 두었으며, 크게는 인간성에 관한 자기들의 책임을 망각하였다. 그래서 인생의 전 국면에 대한 책임을 잊어버렸다.

Calvinism VI.

예배

개혁교회의 예배 의식에서는 언제나 감사 의식이 포함된다. 왜냐하면 감사 없는 기도가 은혜의 보좌 앞에 올라간다고 생각할 수 없기 때문이다.

Nabij God te zijn. Chap III. 39.

그리스도는 우리의 신성한 예배의 중심이다.

Nabij God te zijn. 제45장.

예배와 하나님과의 복된 교제에 전념하면 죄를 버리고자 하는 충동이 마음속에서 자연스럽게 일어난다.

Nabij God te zijn. 제70장.

예배만큼 우리의 영혼을 하나님께 가까이 가게 하는 데 효과적인 것은 없다.

Nabij God te zijn. 제91장.

하나님에 대한 지식은 기도보다 예배에서 훨씬 더 많이 나타난다.

Nabij God te zijn. 제91장.

예배는 영혼의 거룩한 표현으로 우리의 영혼과 하나님 사이에서 진행되는 일이며, 적어도 동료 신자들의 예배에만 적용될 수 있는 일이다.

Nabij God te zijn. 제91장.

우리에게 있어서 모든 예배, 모든 감사, 모든 찬송, 모든 송영은 하나님의 헤아릴 수 없는 은혜의 기초 위에 있다.

Nabij God te zijn. 제91장.

▲ 카이퍼의 첫 목회지 베이스트 교회

예수 그리스도

오직 유일하신 신인(神人), 예수 그리스도만이 그러한 중보가 되실 수 있다. 우리가 비준할 수 있는 것이 아니고 하나님 편에서 중생한 사람이 내주하시는 성령 하나님에 의해서 인증될 수 있다. Calvinism.

성경은 성령께서 그리스도 없이는 아무것도 줄 수 없으며, 그리스도로부터 우리에게 줄 수 있는 것을 얻는다고 강력하게 가르치고 있다. Nabij God te zijn. Chap II. 19.

성육신의 신비는 '그리스도는 완전히 모든 죄와의 교제에서 단절되었다'는 뜻이다. Nabij God te zijn. 제5장. 18.

그리스도는 이 세상의 창조보다 이전에 존재하셨고, 그의 존재는 영원 전부터 존재하셨다. 그럼에도 그는 자신을 종의 형태를 취하셨다. Nabij God te zijn. 제5장. 17.

성경은 세 번이나 성령께서 구세주의 임신의 주동자임을 미리 말한 것이다. Nabij God te zijn. 제5장. 17.

그리스도는 한 인간적 인격으로 출생하시지 않으셨다. 다만 우리 인간의 성품을 스스로 취하셨으나 인간의 뜻으로 임신이 된 것이 아니요, 성령님의 사역으로 말미암았음이다.   Nabij God te zijn. 제5장. 19.

하나님의 독생자가 죄의 부패가 없이 우리의 타락된 성품을 취할 수 있는 것은 성령의 특수 사역이다.
             Nabij God te zijn. 제5장. 19. 성육신의 신비에서의 성령.

예수의 영과 성령을 스스로 동등시 하였다.
             Nabij God te zijn. 제6장. 22.

예수께서는 성령의 영광스러운 은사들을 소유하시되 그의 신성으로가 아니라 그의 인성으로 소유하시니, 신성은 어떤 받은 것이 아니라 자체로 영원한 존재요 충분하신 것이다.   Nabij God te zijn. 제6장. 20.

그리스도는 언제나 성령을 소유하셨다. 그리스도의 동정녀 탄생에 있어서 성령께서는 죄와 상관없이 영향을 미쳤을 뿐만 아니라, 그리스도는 그의 인성을 영광스러운 은사들과 능력들과 기능들이 그 성질상 용인할 수 있으므로 부여받았다.   Nabij God te zijn. 제6장. 20.

예수는 오직 그의 부활에서 그가 의로우심이 회복된 것이요, 이로 말미암아 예수는 우리의 의로우심으로 인정되셨다.
             Nabij God te zijn. 제6장. 31.

예수님은 영혼의 왕이실 뿐만 아니라 당신 교회의 왕으로서 교회의 절대적인 입법자요, 대권의 소유자이시다.

Nabij God te zijn. 제10장. 39.

그리스도는 주(主)이시고 영혼의 주님이실 뿐만 아니라 전체 교회의 주님이시다. 그리고 교회는 영적인 면에서는 보이지 않는 교회요, 현실적인 세계에서 볼 때는 보이는 교회이다. Nabij God te zijn. 제10장. 39.

임마누엘 되시는 예수님은 우리와 하나님을 화목하게 했으므로 우리는 감히 다시 그분께 갈 수 있다.

Nabij God te zijn. 제18장.

그리스도 자신은 보이지 않는 하나님의 형상으로 하나님의 본체의 형상이라 불리운다. 그리고 인간은 이 형상을 따라 창조되었다.

Nabij God te zijn. 제28장.

그리스도는 우리의 신성한 예배의 중심이다. Nabij God te zijn. 제45장.

하나님께서는 단 한 사람 그리스도 안에서 자신의 온전한 형상을 완벽하게 보여주신다.

Nabij God te zijn. 제45장.

살아계신 하나님의 참된 교회는 그리스도의 몸으로 곧 그리스도께서는 그 머리로 계시는 신비한 몸이다.

Nabij God te zijn. 제78장.

예수께서는 "오순절 날에 성령 하나님께서 주의 백성들에게 오셔서 다시 떠나지 않으시고 영원히 그들과 함께 거하실 것이다"라는 약속을 하셨다.
Nabij God te zijn. 제83장.

그리스도는 도덕적 능력의 원천이시다.
Ons Program, 1880. p.54.

예수 그리스도는 과학 분야에서도 왕이시다.
Pro Rege III. 1911. p.354.

예수 그리스도의 왕권은 예술 분야에도 미친다.
Pro Rege III. 1911. p.470.

예수 그리스도는 국가에서도 왕이시다.
Pro Rege III. 1911. p.227.

그리스도는 성경 계시의 중심으로 언제나 설교의 핵심이다.
De Heraut. No.353.

교회에는 등급이 있는 것이 아니라, 모두가 그리스도 안에서 동등하고 예수 그리스도만이 교회의 머리이시다.
Lecture on Calvinism. p.20

교회의 회중 앞에서 '예수 그리스도를 나의 생명의 구주로 믿는다'라고 고백한 세례자의 신앙 고백은 끝이 아니고 시작이어야 한다.
The Implicalion of pablic confession p.13-14.

말씀을 전하는 설교자는 왕의 대사(Als Ambassadeur van Zijn koning)로서, 왕

의 지혜와 왕의 권세로 증거 해야 한다.   De Heraut. No. 908

예수 그리스도는 우리의 중보자로서 자신을 계시하셨다. 그러므로 설교자는 당연히 그리스도를 중심으로 성경을 보는 안목을 가져야 한다.

De Heraut. No. 935. 24. Nov. 1895

신구약 전체의 흐름은 예수 그리스도를 중심으로 움직이고, 그리스도 중심의 축이 곧 하나님의 구속사의 핵(Core)이라고 할 수 있다. 그러므로 설교자는 성경 계시의 중심으로서 그리스도를 볼 줄 아는 눈이 열려야 한다.

De Heraut. No. 935. 24. Nov. 1895.

▲ 종사 상원의원 카이퍼

예술

예술을 합법적으로 이용하는 것을 칼빈 자신도 반대하지 않았고 오히려 장려하고 격려했다.
Calvinism V.

칼빈은 출애굽기 주석에서 "모든 예술은 하나님께로부터 나오며 신적인 창출로 존중해야 한다"고 했고,… "모든 자유주의적인 예술이나, 가장 중요한 예술이나, 그 중요성이 가장 적은 예술에서나, 다 하나님의 영광을 더 크게 높이고 찬미해야 한다"고 했다.
Calvinism V.

최고 예술가이신 하나님께서 이 세상을 존재케 하실 때, 정해 놓으신 미(美)의 규례들을 지키지 않는다면 아무 매력도 줄 수 없다.
Calvinism V.

불경건한 가인의 후예들에게도 예술적 재능을 주었으니, 야발과 두발과 두발가인은 최초의 예술가들이었다.
Nabij God te zijn. Chap II. 8.

예술이란, 사람의 사상과 목표의 산물이 아니라, 하나님이 각종의 재료들로써 어떤 기량의 가능성을 부여하신 것이다.
Nabij God te zijn. Chap II. 8.

예술은 사람의 발명이 아니라, 하나님의 창조이다.

Nabij God te zijn. Chap Ⅱ. 8.

화가나 조각가는 선교사들처럼 하나님께 대한 사랑으로 인해 하나님께 진실된 영광을 돌려 드리도록 해야만 한다.

Nabij God te zijn. 제41장. p.212.

하나님께서는 인간의 목소리를 주시면서 음악적 도구를 통해 놀랍게 보완하도록 하셨다.

Nabij God te zijn. 제61장.

칼빈주의는 위대한 건축이나 조각을 세상에 남기지 않았지만, 그림, 시, 음악에 집중하여 이들 분야에서는 대작을 남겼다.

칼빈주의와 예술, 1888. 두 번째 총장 재취임시

예술은 신적 아름다움과 완전함의 표현이다.   Het Calvinesme. p.165.

칼빈주의적 예술이란, 하나님을 중심 한 칼빈주의 세계관으로 하는 예술 활동이다.

Het Calvinesme. p.196.

왕 되신 예수 그리스도

예수 그리스도의 왕권은 가정과 사회와 정부와 교회와 학교와 기독교 기관에 연결되어 있다. 다시 말해서 예수 그리스도는 그 모든 분야에서 왕이시다. Pro Rege III. 1911. p.155.

예수 그리스도는 과학 분야에서도 왕이시다. Pro Rege III. 1911. p.354.

예수 그리스도의 왕권은 예술 분야에도 미친다. Pro Rege III. 1911. p.470.

예수 그리스도는 국가에서도 왕이시다. Pro Rege III. 1911. p.227.

성령님으로 하여금 신약 성경의 각 부분을 준비하신 분은, 교회의 왕이신 예수 그리스도이시다. Het Werk Van Heilige Geest. p.229.

그 나라는 우리 왕의 것이다. 그러므로 선교는 예수의 왕 되심과 더불어 시작해야 한다. Encydopaedie Vol. III. p.469.

왕 되신 하나님

교회의 왕이신 예수님에 의해 임명된 사도들은 성령님에 의해 더욱 생명력을 얻게 된 것이다. Nabij God te zijn. 제9장. 33. 신약 성경.

예수님은 교회 안에서 매우 포괄적인 사역을 하셨고, 교회의 왕으로서 그는 자신의 피로 그의 백성을 사셨다.

Nabij God te zijn. 제10장. 36. 그리스도의 교회.

예수님은 영혼의 왕이실 뿐만 아니라 당신 교회의 왕으로서 교회의 절대적인 입법자요, 대권의 소유자이시다. Nabij God te zijn. 제10장. 39.

예수 그리스도의 왕권은 가정과 사회와 정부와 교회와 학교와 기독교 기관에 연결되어 있다. 다시 말해서 예수 그리스도는 그 모든 분야에서 왕이시다. Pro Rege III. 1911. p.155

요한계시록

만왕의 왕께서는 하늘에서 사도 요한에게 밧모섬에서 특별한 계시를 주어, 한 책을 쓰도록 지시하셨다.
Nabij God te zijn. 제9장. 34.

요한계시록 4장에서 22장 전부는 예수 그리스도의 재림(parousia)를 가리키는 예언으로 되어 있다. 그러므로 종말의 다가옴을 바라보고 밤낮으로 구세주의 재림을 기대하면서 사는 것이 성도의 삶이다.
The Revelation of St. John. p.39

▲ 카이퍼의 명상록 『하나님께 가까이』 정성구 역

우상 숭배

현대의 우상 숭배 운동은 거의 비인격적인 대상에 관한 것으로서 우상들의 신상을 세울 생각은 하지 않는다.　　　　　Nabij God te zijn. 제13장.

우리는 우리 영혼의 원형 되시는 하나님 외에 다른 것에 최고 가치를 부여해서는 안 된다.　　　　　Nabij God te zijn. 제24장.

전능하신 분의 무한성을 형상이라는 유한한 형태에 국한시킨 결과, 사람의 영은 무감각하게 되었고 결국 우상 숭배로 고착되었다.
　　　　　Nabij God te zijn. 제62장.

▲ 카이퍼의 어머니　　　　▲ 카이퍼의 아버지

유혹

사람을 유혹하기 위해서 돈과 사탄은 힘을 합하여 마침내는 황금 만능주의를 일으킨다. Nabij God te zijn. Chap III. 하나님께 대해 부요치 않음.

돈 귀신은 우리를 부자로 만들어 준다고 그럴듯하게 유혹한다. 그러나 거기에 말려서 물질의 노예가 되어 버린 사람들이 과연 인생에 있어서 참으로 가치 있는 것들과 더 고귀한 지식을 좋아하겠는가?

Nabij God te zijn. 제7장.

윤리 신학자들

윤리 신학자들의 사상은 조명과 계시를 혼동한 것이요 계시와 영감을 분별 못 한 것이다.
Nabij God te zijn. 제4장. 16.

성경은 하나님의 감동으로 되었으니 윤리적 신학자들이 이해하는 정도를 넘어선 것이다.
Nabij God te zijn. 제4장. 16.

윤리학자들은 하나님과 사람 사이에 경계선을 두지 않는다.
Nabij God te zijn. 제7장. 40.

윤리학자들은 신앙은 성경 없이도 가능하다고 한다. 그러나 이는 잘못된 논리적 과오의 결과이다.
Nabij God te zijn. 제7장. 40.

현대주의자들과 이른바 윤리 신학자들은 성경을 영적인 안내자로 추켜세우면서도 실제로는 성경의 진리를 거부하고 있다.
Biblical Critism. p.430.

음악

칼빈은 "음악이야말로 마음을 감동시키고, 마음의 성향과 도덕을 고상하게 하는 신비스런 능력이다"라고 높이 평가했고, "음악은 하나님께서 우리의 오락과 즐거움을 위해 베풀어주신 탁월한 은총 가운데서 하나님이 가장 크게 생각하는 것이다"라고 했다.

Calvinism V.

음악은 사람이 감각할 수 있는 것 이상의 세계를 감지할 수 없다. 그러나 우리는 듣는 귀의 청각이 있기 때문에 음악을 듣고 즐기는 것이다. 이와 같이 신앙도 특별한 방법으로 보이지 않는 세계와 접촉하여 확신을 얻는 것이다.

Nabij God te zijn. 제7장. 35.

음악적 예술은 하나님을 위해서가 아니라, 사람을 위해서 존재할 목적으로 발전해 왔다.

Nabij God te zijn. 제61장.

하나님께서는 인간의 목소리를 주시면서 음악적 도구를 통해 놀랍게 보완하도록 하셨다.

Nabij God te zijn. 제61장.

악기는 여러분이 자유롭게 쓰도록 하나님께서 주신 것으로 하나님을 찬송하고 경배하는 일을 더욱 풍성하게 즐기고, 또한 음악의 세계를 통하여 여러분의 영혼이 하나님께 더 가까이 가도록 하는 수단이다.

Nabij God te zijn. 제61장.

의료 기관

사람들은 의료 기관이 무엇을 하는 곳이라고 생각하는가? 의료 기술이 도와주려고 하는 것은 병든 포유동물이 아니고, 하나님의 형상대로 지음 받은 인간이다.

<small>Souvereiniteit in Eigen Kring, 1880. Vrije Universiteit 총장 취임 연설.</small>

▲ 노년의 카이퍼

이단(異端)

이교(異敎)는 반신반인(半神半人)을 영웅 숭배로 요구한다.　　　Calvinism.

칼빈주의는 심오한 근본 사상을 갖고 있다. 칼빈주의는 이교도처럼 피조물 속에서 하나님을 찾지 않고, 이슬람교처럼 하나님을 피조물과 격리시키지 않고, 로마 가톨릭처럼 하나님과 피조물 사이에 중간 매개체를 두지 않는다. 다만 칼빈주의는 하나님을 피조물 위에 뛰어나 높은 엄위를 계시하면서도, 성령 하나님으로 피조물과 직접 교제하신다는 고차원의 사상을 선포한다.　　　Calvinism.

현대의 이단들은 휴머니즘을 표방하고 예술에 열정을 보이며, 고상한 삶의 형식에 대한 사랑과 충동을 느끼거나 감각적 쾌락과 부를 추구하거나 열정적인 자극을 쫓는다.　　　Het Werk Van den Heilige Geest. p.193.

성경이 완성된 이후에 무슨 특별한 계시를 받았다고 주장하는 자들은, 성경의 유일성과 그 권위를 부정하는 자들이다.
　　　The Biblical Critism of present day. p.417-418.

이론적 지식

머리로만 복잡한 교리를 추구했던 지성주의 기독교보다, 구속의 감격에서 하나님께 영광을 돌리는 영성이 충만한 기독교를 따를 때 영혼의 영적 상태는 훨씬 더 좋았다.

Nabij God te zijn. 제10장.

하나님에 관해 머리로만 아는 지식은 사람을 만족시킬 수 없다. 그래서 은혜로운 삶을 체험하려는 영혼은 다른 극단주의로 흘러가게 되어 있다.

Nabij God te zijn. 제10장.

하나님을 안다는 것은 하나님에 관해서 지식적으로 아는 것으로 끝나는 것이 아니라, 더 심오한 영적 실재를 내포하는 것이다.

Nabij God te zijn. 제10장.

이웃 사랑

이웃에 대한 사랑이 사람 속에 여전히 남아 있는 것은, 하나님께 속한 것에 대한 사랑이 남아 있기 때문이다. 그래서 둘째 계명은 첫째 계명과 같은 것이다.
Nabij God te zijn. 제44장.

성령은 인간의 사랑을 깨끗이 씻고 정련(精鍊)하는 일을 하신다. 때문에 사람을 사랑하는 것은 하나님을 사랑하는 것 같이 되어야 한다.
Nabij God te zijn. 제44장.

국가는 국민을 위한 정책을 추진하는 데 있어서 이웃 사랑의 원리를 실천할 책임이 있다.
1902. 카이퍼의 각료 발언 중

먼저 하나님을 바라보고 그다음에 이웃을 바라보는 것이 칼빈주의 추진력이요, 칼빈주의가 취하는 지성과 영성의 관례이다. 이 거룩한 하나님께 대한 두려움과 하나님의 면전에서 연합하여 함께 서는 자세로부터 더 거룩한 민주주의 개념이 발전하였고 끊임없이 그 터가 굳어졌다.
Calvinism.

이원론

중생에 대한 이원론적 개념은 본성의 삶과 은혜의 삶 사이를 크게 이격시킨 원인이 되었다.
Calvinism VI.

그리스도만을 신비적으로 경계한 나머지 하늘과 땅을 만드신 전능하신 하나님 아버지를 배제시켜 버리는 것은, 그리스도를 구주로만 생각하고, 그의 우주론적 의미는 생각지 않는 잘못을 범하기 쉽다.
Calvinism VI.

이원론은 결단코 성경의 시원(始原)을 받지 못한다.
Calvinism VI.

로마 가톨릭의 성직 계급 밑에서 교회와 세상이 서로 반목해왔고, 교회는 거룩한 것으로, 세상은 저주 아래 있는 것으로 여기곤 했다.
Calvinism.

인간

인간은 하나님의 형상을 가진 자로서 우주를 하나님의 영광을 위해서 바치라는 소명을 받은 존재이다. Calvinism.

중생자와 비중생자는 근본적으로 서로 다른 마음을 갖고 있기에, 그 둘은 사물을 인식하고 판단하는 데도 서로 반대되는 입장을 갖고 있다. 때문에 이 땅에는 두 종류의 인간과 두 종류의 학문이 있을 뿐이다.
Encyclopaedie der Heilige Godgeleerelherd. 1894. II. p.101.

사람을 일컬어 세계의 축소판이라고 한 것은 전혀 헛된 말이 아니다. 왜냐하면 오직 사람에게서 창조가 정점에 이르렀기 때문이다.
Nabij God te zijn. 제44장.

사람은 하나님의 초상이 아니라 형상이다. Nabij God te zijn. 제45장.

사람의 사고와 성향과 행동은 매일의 생활의 태도에서 한 번에 거룩하게 되지 않는다. Nabij God te zijn. 제63장.

인간론

인간은 하나님의 형상을 가진 자로서 우주를 하나님의 영광을 위해서 바치라는 소명을 받은 존재이다. Calvinism.

죄인 된 인간은 하나님을 기쁘게 할 수 없다. 다만 하나님께서 자신의 의로움을 나타내시고 그의 자비와 긍휼로 우리를 의롭다고 선포해 주시는 것이다. The Death and Resurection of Christ. p.82.

타락한 인간은 선악의 구별이 안된다. Principle of Sacred Theology. p.112.

하나님은 모든 것이지만 우리는 아무것도 아니다. 왜냐하면 그분은 높고 고귀하시지만, 우리는 그분이 만드신 연약한 피조물에 불과하기 때문이다. Nabij God te zijn. 제38장.

사람은 하나님의 초상이 아니라 형상이다. Nabij God te zijn. 제45장.

우리 인간 본성의 모든 영역은 그리스도에게서 나왔을 뿐만 아니라, 우리의 모든 영적 성향과 자연을 듣고 이해하는 능력도 그리스도께서 우리에게 심어 주신 것이다. Nabij God te zijn. 제56장.

인격

내가 아름다운 인격을 가졌다는 것은 전적으로 성령의 사역이다.

Nabij God te zijn. Chap II. 7.

성경을 배우는 모든 지각 있는 자들은 특별히 성령께서 성도의 인격 안에 들어와서 그의 가장 깊은 존재 즉 영혼과 접촉한다는 것을 알아야 한다.

Nabij God te zijn. Chap II. 7.

인격과 인격의 교제는 언제나 영에서 영으로, 마음에서 마음으로 이어지는 것이 되어야 한다.

Nabij God te zijn. 제56장.

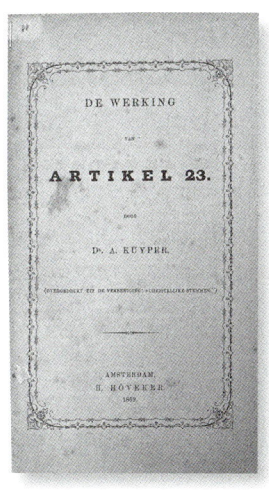

▲ 카이퍼의 연설문 23조항

인본주의

"인본주의적 정치학을 정립하기 위해 자율적 인간(Autonomous man)이 문화와 문명에 이성을 적용해야 한다"는 생각이 보수주의, 자유주의, 급진주의, 사회주의, 공산주의자들의 사상적 기초가 되었다.

1889.5.3. A.R.P 전당 대회 연설.

나는 인본주의적 원리가 이 법안의 배후에 깔려있기 때문에 이 법안에 반대한다.

1896.5.13. 의회 연설문.

불란서 혁명의 경우처럼 하나님을 제쳐두고 하나님의 전능성의 보좌 위에 사람을 대신 놓아서는 안 된다.

Calvinism. III.

하나님 한 분만이 거룩하며, 모든 선의 근원이 그를 떠나서는 있을 수 없다. 단순한 인간의 거룩함이라는 것은, 단 하나의 존재인 하나님의 영광을 공격하고, 모든 선의 근원이신 하나님에 대해 공격하는 것이다.

Nabij God te zijn. Chap Ⅰ. 5.

인간의 의지에 치우친 신앙은 처음부터 '믿음으로 의롭게 된다'는 교리를 저버리고, 선행으로 구원 얻는다는 오류를 범할 위험을 내포하고 있다.

Nabij God te zijn. 제29장.

인본주의적 교회가 되면 세례가 오용되고, 성찬이 오용되며, 성경이 오용된다.

Nabij God te zijn. 제93장.

▲ 한국칼빈주의연구원 브로셔

일반 은총

"이성은 하나님을 아는 지식으로 인도할 수 없으나, 자연인의 삶 속에서 일반 은총의 역할 수행할 수 있다"고 말했다.   1901. 내각 회의

칼빈주의만이 부단히 우리로 하여금 십자가에서 창조 사역으로 돌아가도록 권면하고 있다. 또한 일반 은총의 교리를 결코 낮게 평가하지 못하게 하는 주도적 원리를 방편으로 해서 우주의 넓은 분야를 의의 태양이신 그리스도의 조명을 받아 학문적인 연구를 하도록 길을 열어 놓았다.   Calvinism VI.

하나님께서는 일반 은총을 통해서 개인의 삶과 전체 인류의 삶과 자연 자체의 생명을 간섭하셨다. 그러나 일반 은총은 죄의 핵심적 뿌리를 제거하거나 구원하여 영생을 가져다주지는 못한다.   Calvinism VI.

하나님은 일반 은총으로 말미암아 사람 속에 죄의 작용을 제어하시고, 부분적으로 죄의 세력을 깨뜨리고 부분적으로 악한 정신을 유순케 하며, 나라와 가정을 부분적으로 길들임으로써 인간 속에 있는 죄의 작용을 제어한다.   Calvinism VI.

칼빈주의는 하나님의 면전에 자신을 둠으로써, 사람이 하나님의 형상을

닮았기 때문에 사람을 존귀케 했을 뿐 아니라 세상도 하나님의 피조물로 높였다. 특별 은총 곧 구원의 은총이 있다는 대원리를 앞에다 내세웠다. 특별 은총으로 구원을 이루시고 일반 은총으로 세상의 생명을 유지시키시며, 세상에 대한 저주를 느슨하게 유화시키며, 세상 부패의 과정을 지체시키시며, 창조주 하나님께 영광을 돌리게 하신다는 대원리를 표방한다.
Calvinism.

자연은 하나님 밖에서 그리고 하나님 없이 스스로 존재하는 완성된 예술작품이 아니다. 왜냐하면 매일 밤 여러분에게 총총한 하늘의 별을 보여주시는 분이 바로 하나님이시기 때문이다.
Nabij God te zijn. 제43장.

하나님은 보이지 않는 분으로 자연의 휘장 뒤에 숨어 계시고, 우리는 그 휘장이 굽이치고 흔들리는 움직임을 통해서 하나님이 우리와 가까이 계시다는 것을 인식한다.
Nabij God te zijn. 제44장.

일반 은총 안에는 구원의 능력이 전혀 없기에 특별 은총, 즉 언약 은총이 필요하다.
Genade Gratie. p.45.

임마누엘

'임마누엘의 하나님이 우리와 함께 계시다'라는 말은, 지금이나 또한 앞으로도 늘 진실한 것이다.
Nabij God te zijn. 제16장.

임마누엘 되시는 예수님은 우리와 하나님을 화목하게 했으므로 우리는 감히 그분께 갈 수 있다.
Nabij God te zijn. 제18장.

오직 임마누엘 되시는 예수님을 통해서만 우리는 생명을 얻고 하나님과 함께하며 충만한 열정과 활력을 얻을 수 있다.
Nabij God te zijn. 제19장.

하나님은 인격적인 분으로 우리의 친구가 되어 주시고 우리와 함께 대화하시며 동행하신다.
Nabij God te zijn. 제23장.

하나님은 높이 하늘에게 계심과 동시에 우리와 가까이 계신다.
Nabij God te zijn. 제32장.

하나님과 함께 하는 생활은 기계적이 될 수 없다.
Nabij God te zijn. 제107장.

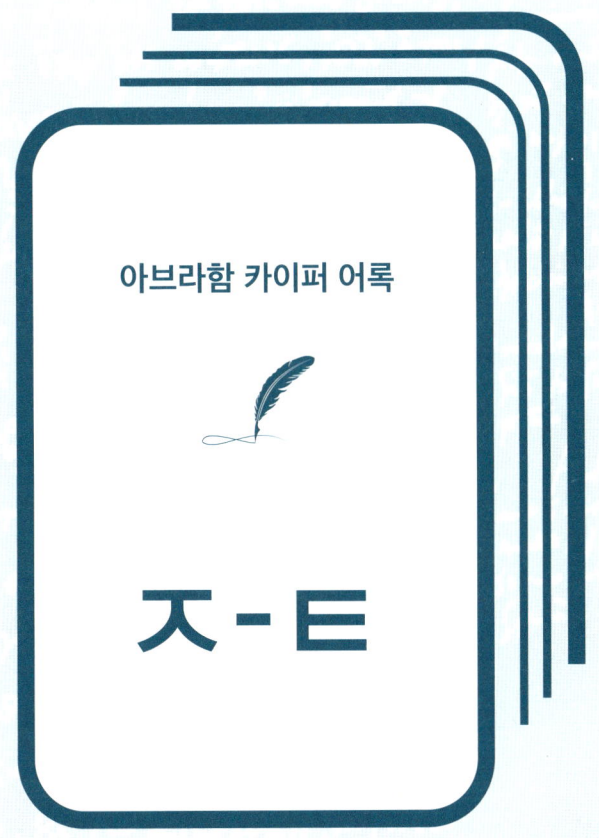

자기 부정

성경을 믿는 자들 곧 성경을 받아들이는 자는 한결같이 철저한 자기 부정과 감사심에 사로잡히지 않을 수 없다. 그러한 심령의 소유자는 오직 상한 심령이요, 죄를 깊이 뉘우치는 심령이 되고, 하나님께 그의 탁월하신 자비에 대해 감사로써 충만케 되는 것이다.

Nabij God te zijn. 제9장. 35.

우리는 자신의 뜻을 부인함으로써 하나님을 아는 지식에서 자라게 된다.

Nabij God te zijn. 제32장.

자유주의

'모더니즘(Modernism)'의 삶의 방식은 포괄적이고 전반적 세계관이 아니고, 자유주의 신학이다. 때문에 '자유주의 신학은 신기루이다.'

Modernism 팸플릿

보수주의자와 자유주의자와는 다른 제3의 길(third way)로서 개혁주의는 정치 체계에 있어서 독자적, 기독교적 입장을 세우기 위해서 노력했다. 적어도 50년은 앞으로 내다보자는 것이다.

1871.1.1. Heraut. 논설

재능(은사)

칼빈주의는 모든 자유로운 예술은 하나님께서 신자들이나 불신자들에게 차별 없이 주신 은사라고 가르쳤다. 칼빈은 "이 신적 빛의 광선이 하나님의 성도들보다, 믿지 않는 사람들 속에 더 눈부시게 비춰었다"라고 했다.

Calvinism V.

불경건한 가인의 후예들에게도 예술적 재능을 주었으니, 야발과 두발과 두발가인은 최초의 예술가들이었다.

Nabij God te zijn. Chap II. 8.

모든 사람이 똑같은 재능을 가진 것은 아니다. 어떤 사람은 바다에 적합하고, 다른 이는 농사에 적합하다. 또 어떤 이는 주조 공장의 잡부이고, 또 어떤 숙련가는 나무를 조각한다.

Nabij God te zijn. Chap II. 8.

아이는 출생할 때 재능을 가지고 태어난다. 만약 그렇지 못하다면 교육도, 예술의 순수성도 있을 수 없을 것이며 용기도 낼 수 없을 것이다.

Nabij God te zijn. Chap II. 8.

하나님은 사람의 마음에 발명한 능력도 만드셨다.

Nabij God te zijn. Chap II. 8.

모든 특별한 교회의 보화는 삼중적이니 첫째는 교회 자체 안에 있는 은사들이요, 둘째는 다른 교회에 준 은사들이요, 마지막에는 사도 시대 이래로 받은 은사들이다. Nabij God te zijn. 제10장. 37.

예술적 재능은 연습을 통해서 발전되는가 하면, 훈련과 교육을 통한 발전도 있다. Nabij God te zijn. 제75장.

하나님은 창조 시부터 남자와 여자를 차이 나게 만들었다. 때문에 육체적 은사와 재능, 영적인 은사와 재능의 다양성은 사람 간에 서로 차이가 나기 마련이다. Calvinism.

성령 하나님은 인간에게 은사와 능력과 재능을 부여하신다. 또한 성령님은 성도의 삶에 역사하되 평상적인 기술, 노동뿐 아니라 인간보다 높은 영역의 정신적 활동에도 나타난다. 그러므로 예술은 사람의 발명품이 아니라 하나님의 창조이다. Het Werk Van Heilige Geest. 1880. p.50.

전적인 타락

죄인 된 인간은 하나님을 기쁘게 할 수 없다. 다만 하나님께서 자신의 의로움을 나타내시고 그의 자비와 긍휼로 우리를 의롭다고 선포해 주시는 것이다.
The Death and Resurection of Christ. p.82.

중생하지 못한 사람들은 하나님의 계시를 받아들이지 못할 뿐만 아니라, 하나님의 형상을 지니고 다닌다 해도 죄가 그것을 일그러지게 했기에, 종교적 감정조차도 하나님을 증오하는 마음으로 전달된다.
Principle of Sacred Theology. p.113.

▲ 1920년 A.Kuyper의 장례 행렬

정부

정부는 가난한 자를 포함해서 모든 부모들은 자신들의 자녀를, 자신들이 원하는 학교에 보낼 수 있도록 해야 하며, 또한 정부는 그런 부모들의 양심의 자유를 보호해야 한다.　　　　　　　　　　1874.12. 하원 연설

우리는 무정부 주의적 정신과 그것이 배태(胚胎)시킨 사회 질서를 회복시켜야 한다. 국가의 안전과 질서를 유지하기 위하여 정부에 위임된 권위를 정부가 행사하는 데 있어서, 정부의 임무는 모든 사회 단체들의 법적 권리를 보호하는 것이다. 그러므로 정부의 권위를 수호하기 위해서는 무력을 통해서라도 국가 헌정질서를 깨뜨리는 혁명분자들을 다스려야 한다.　　　　　　　　　　1902.3.11. 카이퍼의 의회 연설

정부는 그리스도인의 궁핍과 경제적 불공평 문제를 성경적 조망으로 해결하기 위해 힘써야 한다.　　　　　Christinity and Class straglee. 1891.

만일 정부가 하나님의 말씀이 금하시는 것을 요구하거나 명령할 때 우리는 순종하지 말아야 한다.　　　　　　　1948. The Practice of godliness

정부란 하나의 도덕적 기구여야 한다. (De Staat, een Zedelijk Organisme)

Ons program. p.63.

칼빈주의는 '죄가 있기에 정부 제도를 필연케 한다'고 했고, 지상의 모든 정부의 권위는 하나님의 주권에서만 나온다.   Calvinism. III.

▲ 1908년 10월 29일.
그의 71회 생일에 카이퍼가 여왕으로부터 다시 수상으로 임명받아 전권을 휘두르게 될 것을 풍자한 만화

정치

나는 사회 복음을 전파한 것이 아니라, 복음이 지니는 사회적 의미를 교회의 양심에 설명하는 것이다. 하나의 격리된 사회악과 싸우는 것, 그리고 개인을 구제하는 것은 탁월하지만, 신성한 신앙의 열정을 가지고 사회와 경제적 문제와 씨름하는 것은 조금 다르다.

국회 연설. 1874.11.28.

하나의 종교적이고 역사적이며 민족적인 정당도 도시 빈민들과 시골 농부들의 조직적 국가 체계 속에서 그들 자신의 보금자리를 가지는 것이 확인될 때, 비로소 사회적 문제를 해결할 수 있다.

1897. 선거 캠페인 연설 중

다른 여러 정당들은 다수의석 확보를 위해서 선거 운동을 한다. 그러나 우리는 성경적 원리들을 위해서 선거 운동을 한다.

Standaard. 1873.6.6.

어떤 중요한 정치적 문제가 투표로 결정되려고 할 때, 선거 운동은 집단 전체의 미래에 영향을 끼치는 집단의 회원들 간 협력을 일으킬 것이다.

Nabij God te zijn. 제95장.

칼빈주의는 정치적 명칭으로 주를 이루는 정치 정신 속에서, 국가들의 자유를 보장하는 정치 운동을 지지한다. Calvinism.

민주주의 이념을 통해 힘 없는 민중들의 권리를 보호하기 위하여 선거권을 넓혀야 한다. 모든 사회 계층은 선거를 통하여 국가 정책에 영향을 줄 수 있어야 한다. Heraut. 1869.11.5./ Standaard. 1873.6.5.

조직신학

조직신학은 교리를 즉 신앙의 내용 또는 진리들을 과학적으로 다루는 신학적 과학으로서, 이 교리들을 성경, 즉 하나님의 계시에 포함된 원리(principium)로 소급해 가야 한다. 그리고 이 원리로부터 연역하고 그것들의 상호 통일성이나 정합성을 밝혀내며, 마지막으로 그것들을 하나의 유기적 전체로써 체계적으로 배열하는 것이다.

Encyclopaedia Theologia. 1890. 3권 2장 정의

종교

종교란 추상적이고 비실제적인 명상과는 다르다.

Heraut. 1872.8.3.

하나님을 위한 종교는 모든 인간적 중개를 완전히 배제시킨다.

Calvinism.

종교에는 하나님과 인간의 영혼 사이에 어떤 피조물도 끼어들어서는 안 된다. 모든 종교는 하나님 자신의 내밀한 마음속에 즉각적으로 역사하시는 일이다. 이것이 선택의 교리이다.

Calvinism.

종교는 부분적이지 않고 보편적이다. 이것이 보편적 일반 은총의 교리이다. 우리의 죄악 된 상태에서 종교는 규범적일 수 없고 구원론적이어야 한다.

Calvinism.

참된 종교는 자기를 하나님의 면전에 두는 것으로 시작한다.

Calvinism.

삼위일체 하나님에 대한 예배로서 종교는 우리 인간의 마음을 부요하게 하는 가장 고귀한 최상의 것이다. 그러나 그 최상의 것은 언제나 가장 먼저 타락하기 쉽다. *Nabij God te zijn*. 제66장.

종교만큼 죄가 빠르게 번식하는 곳은 없다. *Nabij God te zijn*. 제66장.

종교적인 일을 너무 많이 맡은 사람은 가족이나 직업을 소홀히 한다.
Nabij God te zijn. 제98장.

침묵을 마치 사랑인 것처럼 비겁하게 생각해서는 안 된다.
Nabij God te zijn. 제106장.

종교도 하나님의 형상대로 지음 받은 인간 속에서 만이 그 분명한 모습을 드러낸다. 그것은 인간이 종교를 구하기 때문이 아니라 하나님께서 스스로 인간의 본성 속에 참되고, 진수적(眞髓的), 종교적 표현을 심어놓으셨기 때문이다. 그것을 종교의 씨앗(Semen Religionis)이라고 한다.
Calvinism.

모든 종교의 출발점은 사람이 아니고 하나님이시다. 따라서 사람은 도구요 방편이고 하나님만이 목표요 출발점이요 물들이 흘러나오는 셈이시다. *Calvinism*.

종교에는 하나님과 인간의 영혼 사이에 어떤 피조물도 끼어들어서는 안 된다. 모든 종교는 하나님 자신의 내밀한 마음속에 즉각적으로 역사하시는 일이다. 이것이 선택의 교리이다. *Calvinism*.

종교개혁

역사적으로 칼빈주의라는 이름은 종교개혁이 움직여 나간 통로이다.

Calvinism.

종교 개혁 시대의 우리 조상들은 모든 일에 기도하도록 하고, 교회 예배 의식을 늘리고 인생의 모든 사건을 하나님 안에서 행하도록 함으로써 같은 효과를 얻으려고 노력하였다.

Nabij God te zijn. 제96장.

종교개혁 이후 17세기는 삭막한 교리 중심 시대였고, 18세기는 감정 중심의 신앙 시기라 할 수 있다. 그리고 19세기에는 실제적 방식과 상업주의 정신, 불굴의 의지력이 시대를 주도하였다.

Nabij God te zijn. 제29장.

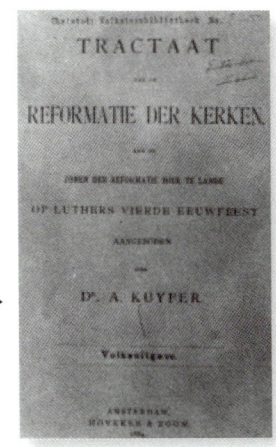

「교회 개혁에 관한 논문」 ▶
이 책은 일반적인 원리, 바람직한 교회의 형태, 기형적인 교회, 교회의 개혁을 다루고 있으며 1884년 출판됨

종교의 씨앗

칼빈은 "각 사람의 마음속에 종교의 씨앗(Semen Religionis)이 숨어 있다"고 주장했으며, "신의식(Sensus Divinitatis)은 그것을 신앙으로 고백하든지 아니하든지 간에, 강한 정신적 긴장의 순간에 작용한다"고 말했다.

Calvinism VI.

종교도 하나님의 형상대로 지음 받은 인간 속에서 만이 그 분명한 모습을 드러낸다. 그것은 인간이 종교를 구하기 때문이 아니라 하나님께서 스스로 인간의 본성 속에 참되고, 진수적(眞髓的), 종교적 표현을 심어놓으셨기 때문이다. 그것을 종교의 씨앗(Semen Religionis)이라고 한다.

Calvinism.

종교의 씨앗이란, 하나님을 아는 타고난 지식이며 주어진 하나님의 지식이다.

Nabij God te zijn. 제56장.

종교의 영역

종교의 영역에서 19세기는 우리에게 세 가지 표적을 가져다 주었다. 첫째, 기독교 영역에서 아주 제한된 영역에서 기상 신호가 있었다. 둘째, 새로운 발견으로서 금방 고갈된 현대 신학이 왔다. 셋째, 이와 더불어 그리고 이 때문에 넓은 과학의 영역에서 끝없는 의심이나, 오만한 물질주의가 생겼고 사회에는 냉담한 불신앙이 퍼지고 모든 종교와의 단절이 일어났다. Nabij God te zijn. 제106장.

종교인

이 세상의 형식적인 종교인과 헌신적으로 하나님을 믿는 신자 간에는 차이점이 많다.

Nabij God te zijn. 제9장.

하나님과 은밀히 만나는 이 실제적인 생활을 그만둔 채로도 사람들은 기도하고, 교회에 출석하고, 선한 일을 계속할 수가 있다.

Nabij God te zijn. 제52장.

우리의 경건이 종교적 영역에만 집중하여, 일반 생활에서 경건과 상관없이 행하고 교회 생활에만 경건하게 임해서는 안 된다.

Nabij God te zijn. 제98장.

시골 사람들은 자신들의 신앙에 헌신적이었던 반면에, 개신교인들이라고 불리는 사람들 가운데 대다수는 가정 예배와 공적 예배에 관심이 없었다.

Nabij God te zijn. 제99장.

종교학

종교학은 신학과는 다르다. 신학의 내용과 대상은 초자연적으로 계시된 하나님을 아는 지식이고, 종교학은 종교를 인간사의 보편적 현상으로 다룬다.

국회연설. 1876.2.12.

좌파 학문

좌파는 기독교 학문이 좌파들이 인(印)이 찍힌 굴레를 쓰고 있기를 바란다. 그리고 지금 현재 좌파의 학문이 우리에게 독점적 특권을 계속 누려서 결국에는 최후 승리를 확보해서 승세를 굳히려 한다.

카이퍼 수상의 연설. 기독교 고등교육 제안 설명. 1904.3.11.

죄

죄는 거룩의 퇴화가 아니라 부패이며, 무서운 행동이요, 파괴와 해체라고 생각한다. 그리고 가장 강력한 증거는 우리의 중심에 하나님의 은혜가 들어오는 것을 기쁨으로 환영치 않을 뿐 아니라, 오히려 이를 전적으로 반대한다는 사실이다.   Werk van Heilige Geest. 제2장. 12.

칼빈은 죄와 부패를 모든 인간의 비참함의 원천으로 보았다.
Calvinism.

죄가 없는 세상에는 법정이나 경찰이나 군대나 해군 같은 것을 생각할 필요가 없다.   Calvinism. III.

은혜의 출발점은 육체에 있는 것이 아니라 영혼에 있다. 죄 또한 육체에서 시작하는 것이 아니라, 영혼에서 시작되는 것이다.
Nabij God te zijn. Chap I. 14.

죄는 하나님의 사람을 죽일 뿐 아니라 죄인을 만들어 버린다. 그러나 성화는 바로 그 반대임을 우리에게 보여준다.
Nabij God te zijn. Chap I. 11.

죄는 단순히 의의 부족을 말하는 것이 아니라, 의, 선행, 지혜가 사라지자마자 불의, 악행, 어리석음이 나타나는 것이다.

Nabij God te zijn. Chap Ⅰ. 11.

모든 죄 가운데서 교만은 가장 저주받은 것이다. 왜냐하면 교만은 첫 번째 계명의 위반이기 때문이다.

Nabij God te zijn. Chap Ⅰ. 11.

만약 죄가 없다면, 죄를 대속할 구원자를 필요로 하지 않는다. 왜냐하면 아무것도 아닌 것에 대한 대속일 수 없기 때문이다. 그리고 그렇게 되면 우리는 성화에 대해서 전혀 토의할 필요가 없어진다.

Nabij God te zijn. Chap Ⅰ. 9.

하나님과 동등하려고 하는 것은, 피조물의 본질적인 죄이다.

Nabij God te zijn. Chap Ⅰ. 5.

우리가 조심할 것은 성경을 떠나 하나님의 사랑을 멀리하는 것이다. 이것은 사탄이 너무나 좋아하는 것이다. 사탄은 성령을 거역하는 죄를 사랑하고, 마음이 약해질 때 즐거워한다.

Nabij God te zijn. Chap Ⅱ. 37.

말씀을 가까이 하는 자는 안전하고 그러한 고민에 빠지지 않는다. 성경은 성령을 거역하는 죄에 대해 분명히 밝힌다.

Nabij God te zijn. Chap Ⅱ. 37.

회개치 않은 죄인은 언제나 자신을 긍정하며, 자기 스스로 구원받을 만한 것으로 생각하고 스스로 구원을 얻으려고 목적한다. 그러나 이것은 그리스도와 화해치 않은 것을 뜻한다. <small>Nabij God te zijn. 제7장. 38.</small>

하나님과의 교제의 중단은 마음의 죄악이요, 하나님과의 대화를 방해하는 것은 은밀한 죄 때문이라고 설명될 수 있다. <small>Nabij God te zijn. 제9장.</small>

학문이 아무리 완전하고 박식하다 할지라도, 하나님을 따로 떼어 놓고 그분의 존재에 대해서 의심을 품게 되거나 그분을 부인하게 되면, 그것은 더 이상 학문이 아니라 죄악이다. <small>Nabij God te zijn. 제40장.</small>

우리 마음에 있는 죄악 때문에 재물이 우리에게 해악을 끼치고, 하나님을 대적하는 힘으로 변하는 것이다. <small>Nabij God te zijn. 제49장.</small>

죽을 때까지 우리는 마음속에 있는 죄, 곧 부정한 씨앗들과 계속해서 싸우게 되어 있다. <small>Nabij God te zijn. 제76장.</small>

죄는 우리의 내적 생명을 온갖 방식으로 약화시킨다. 이 때문에 우리가 간절히 열망할지라도 영혼의 생명 샘이 위로 분출할 수 없다.
<small>Nabij God te zijn. 제93장.</small>

죄가 하나님께 대항하기 때문에 죄와 싸울 때만 여러분의 싸움이 거룩하고 고귀한 성격을 띠게 된다. <small>Nabij God te zijn. 제95장.</small>

성경과 완전히 조화되는 칼빈주의에 따르면, 죄를 제어하지 않고 그대로 두면 인생은 완전히 전락해 버리고 마는 것이다. Calvinism VI.

죄가 일으킨 무지가 모든 참된 학문을 하는데 가장 어려운 장애물이다.
Principle of Sacred Theology. p.114.

죄는 삶의 전 영역에 영향을 준다. 또한 죄는 인간의 마음 상태나 성품만을 관계하는 것이 아니라, 모든 학문에서도 구체적으로 영향을 준다.
Principle of Sacred Theology. p.112.

죄를 대적하는 영적 전쟁 없이, 교회를 위한 참된 열심은 있을 수 없다.
Practeik van Godzaligheid. p.58.

인간의 타락 때문에 세상이 어두워지고 죄가 전 분야에 녹아있을지라도, 그리스도인은 여전히 일하라는 하나님의 문화적 명령을 받고 있다.
Practeik van Godzaligheid. p.30-31.

주의 종

하나님의 말씀 사역자는 법학이나 약학을 연구하는 사람보다 하나님을 더욱더 사랑하는 사람이어야 한다.　　　　　　　Nabij God te zijn. 제41장.

"주 우리 하나님" 혹은 "주 하나님"이라고 말하는 사람은, 자신이 영원하신 분과 관계를 맺고 있다는 것을 증거 하는 것이다. 따라서 그 사람은 하나님의 소유요 하나님의 종이다.　　　　　　　Nabij God te zijn. 제47장.

◀프린스턴 대학에서 명예 법학박사 학위를 받다

죽음

죽음이 있는 곳에는 죄가 있고, 그 죄는 법의 탈선이며 저항이다. 또한 죽음은 죄책이 있기 때문이며, 죄책은 하나님으로부터 제거된 것이니 하나님은 법의 제정자이시며 유지자이시다.

Werk van Heilige Geest. 제2장. 16.

성경에서 죽음은 우리가 육체와 분리되어 있다는 것을 명백히 가르쳐 주고 있다.

Nabij God te zijn. Chap Ⅰ. 5.

죽음을 맞이하는 사람은 인생의 마지막 싸움을 위해 도움을 구해야 한다. 왜냐하면 자기에게 속한 모든 사람들을 두고 떠나야 하기 때문이다.

Nabij God te zijn. 제53장.

지식

모든 부분에서 우리 자신에 관한 지식의 두 부분을 발견한다. 하나는 스스로 얻은 지식과 다른 하나는 하나님이 우리에게 준 지식이다.

Nabij God te zijn. 제7장.

신앙의 지식은, 내가 그의 모든 충분한 복음적인 충족으로 인해서 그리스도를 알게 되는 성령 하나님의 빛이다. Nabij God te zijn. 제7장. 41.

복음 안에서 성령님의 거룩한 빛이 내 영혼에 조명될 때, 나는 예수로부터 이러한 신앙의 지식을 받는다. Nabij God te zijn. 제7장 41. p.633

▲ 흐른 봔 프린스더. A. 카이퍼의 정신적 스승

진화론

19세기는 진화론이라는 도그마의 최면술에 죽어가고 있다.
1888. 네 번째 총장 취임 메시지

진화론은 왔노라! 보았노라! 이겼노라!(Veni, Vidi, Vici)는 구호를 외치면서, 있는 속력을 다 내어 모든 영역을 침범해 들어가 사람들을 장악하고 하나님의 말씀을 해쳤다.
Calvinism. IV.

진화론적 세계관이 국립대학의 학문적 경향을 지배하고 있는데 이대로는 안 되고, 대학 교육에 기독교적 세계관 교육이 필요하다. 왜냐하면 기독교 세계관과 비기독교 세계관 사이에는 근본적 대립이 있기 때문이다.
1904.11.3. 카이퍼가 의회에 고등교육법을 제안하면서

진화론적 세계관이 여러 분야에 해악을 끼치지만, 그중에서도 윤리 분야에서 아주 나쁜 영향을 끼쳤다. 여기에는 정치 지도자들은 진화론의 적자생존 개념을 채택해서 강대국이 약소국을 침략하는 것과 영토 확장 주의를 지지했다.
Evolutie. 1899. p.3

만약 진화론이 승리하게 되면 양심의 자유라든지 관용과 인내의 날들은 지나가고, 그리스도인이라고 불려지는 모든 사람에게 가혹하고 격렬한

박해가 다가올 것이다.

Evolutie. 자유 대학 세 번째 총장 취임 연설. 1899. p.3

진화론의 교리는 약한 자를 폭력으로 다스리는 것을 묵인할 뿐 아니라, 그렇게 하는 것이 강한 자의 의무로 만들기 때문이다.

Evolutie. 세 번째 총장 취임 연설. 1899. p.3

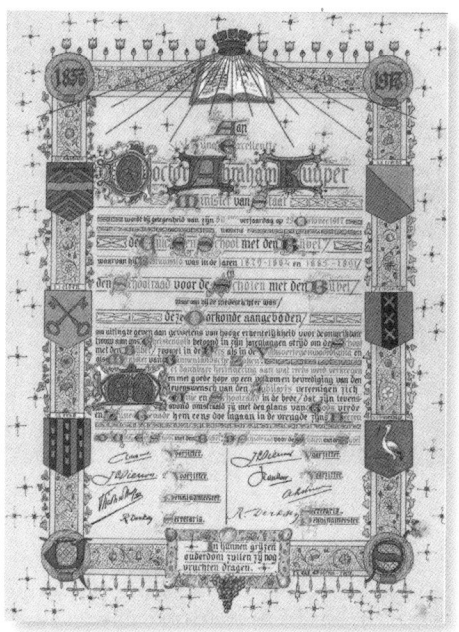

▲ 카이퍼 수상에게 보내온 축하의 메시지

찬양

기도와 찬양은 실재에 있어서 하나이다. 그러므로 큰 소리로 기도하기 위해서 교회는 찬양하지 않을 수 없으니 기도는 찬양보다 간구에 가까운 것뿐이다. Nabij God te zijn. Chap III. 39.

찬양은 노래로서 영원하신 하나님을 직접으로 표현한 때에 최고의 절정이 되고, 찬양은 성도나 형제들이나 악마에게가 아니라, 오직 주 하나님에게만 찬양의 노래를 부르는 것이다. Nabij God te zijn. Chap III. 39.

찬양 즉 시편의 찬양에는 네 가지 단계가 있다. ①인간 자신의 영혼 앞에서 하나님을 노래함, ②형제들이 듣는 데서 하나님을 찬양, ③세계와 악마들 앞에서 하나님을 찬양, ④주 하나님 자신 앞에서 찬양. Nabij God te zijn. Chap III. 39.

참된 신앙

참된 신앙은 성령으로 말미암아 우리 안에서 생기는 것이며, 성령께서 우리 속에 심으시는 모든 것은 그리스도로 말미암은 것이다.

Werk van Heilige Geest. 제4장. 26.

회개란 막연한 우상 숭배의 종교에서 유일한 대상이신 하나님을 향한 경배로, 추상적인 것에 빠진 데서 벗어나 살아계셔서 인격적으로 역사하시는 하나님께로만 향하는 신앙으로 돌아서야 한다.

Nabij God te zijn. 제13장.

우리가 확실히 그리스도를 하나님으로 예배하고 그 앞에 무릎을 꿇지 않는다면 기독교 신앙은 죽은 것이다.

Nabij God te zijn. 제68장.

하나님을 하나님으로 받드는 사람만이 참된 신앙인이다. 그러므로 하나님의 위엄 앞에서는 왕도, 빈민도 저울 위에 놓은 작은 먼지와 같고, 인간은 하나님의 면전에서 볼 때 한 방울의 물처럼 실로 아무것도 아니다.

Calvinisme and confessional Revision. 1891. p.378-379.

참된 종교

모든 참된 종교, 진실한 신앙심, 실제적인 경건은 인간이 하나님의 형상대로 지음 받았다는 사실에 근거한다. Nabij God te zijn. 제12장.

참된 종교는 자기를 하나님의 면전(Coram Deo)에 두는 것으로 시작한다.
Calvinism.

참된 행복

인간의 참된 행복은 자신이 섬기는 하나님께서 뜻하신 목적을 이루시게 해드리는 데 있다. Nabij God te zijn. 제12장.

구원받는다는 것은, 그 자체로 모든 것을 포괄하고, 모든 것에 철저히 스며드는 완벽하고 완전한 행복으로, 영원까지 견디고 영원히 지속되는 행복이다. Nabij God te zijn. 제72장.

창조

하나님은 우리가 그의 영광을 위하여 무조건적으로, 언제나 또한 영원히 살아가도록 명령하신다. 그리고 하나님은 이것을 위하여 우리를 계획하셨으며 창조하셨다.

Werk van Heilige Geest. 제2장. 14.

우리가 우리 자신의 설계를 시작하기 이전에, 하나님은 이미 그 설계를 완성하였고 그것을 우리 앞에 제시하신다.

Werk van Heilige Geest. 제2장. 14.

여러분은 하나님 자신의 산물이요, 창조물이며, 만드신 바이기 때문에, 그분의 거룩한 관심의 대상이다.

Nabij God te zijn. Chap Ⅱ.

여러분 속에는 다른 것에는 없는 하나님의 능력과 사상 그리고 창조적인 재능의 일부가 스며들어 있다. 왜냐하면 여러분은 여호와 하나님의 예술품 중 하나이기 때문이다.

Nabij God te zijn. Chap Ⅱ.

하나님께서는 그에게서 멀리 떠난 모든 영혼을 못 잊으신다. 왜냐하면 그들을 손수 만드셨기 때문에 하나님께서는 자신이 만드신 작품을 잃어버릴 수 없다.

Nabij God te zijn. Chap Ⅱ.

창세기의 첫 페이지는 역사와 조화되지 않는 바가 아니라, 실제 역사와 같은 것이다.
Nabij God te zijn. Chap II. 7.

욥은 우리에게, '성령께서는 인간 창조에 있어서 특별한 역할을 하였다'고 알려주며, 시편 104편에서 하나님께서 우리에게 알려주려는 것은, '동물과 날짐승들과 이 별을 창조함에 있어서 성령께서 동일한 사역을 하셨다'는 것이다.
Nabij God te zijn. Chap II. 6.

하늘을 창조한 것은 말씀에 의해 된 것이다. 그러나 창조된 하늘 곧 만상(일월성신)을 가지게 된 것은 성령의 특수한 기능들이 실행된 때부터이다.
Nabij God te zijn. Chap II. 6.

성경은 창조에 있어서 성령의 특별한 사역을 말하고 있지 않은가?
Nabij God te zijn. Chap II. 6.

하나님은 인간을 기도할 수 있는 위치에 있는 존재로 창조하셨다. 만약 이것이 사실이 아니라면 기도할 수 있는 능력은 그에게 부여된 것일 수 없다.
Nabij God te zijn. Chap III. 41.

기도에 있어서 성령님의 사역은 인간의 창조 사역 속에 성령님의 사역이 있음을 살펴보지 않을 수 없다.
Nabij God te zijn. Chap III. 40.

창조에 대한 기록은 신화가 아니라 분명한 역사로서, 창조주 자신이 창

조를 인간에게 전달하지 않으면 안 되었다. 따라서 창세기에 공개된 장
들의 기록은 일어났던 사건들이다.
Nabij God te zijn. 제4장. 16.

하나님께서는 자신의 모양대로 인간을 만드셨으며 동시에 그것에 의하
여 신앙심을 만드셨다.
Nabij God te zijn. 제12장.

모든 피조물은 하나님의 생각의 산물이다. 그러므로 모든 피조물은 하
나님의 표상으로서의 역할을 감당할 수 있어야 한다.
Nabij God te zijn. 제15장.

인간 영혼의 본질을 만드신 분은 오직 여호와 한 분이시다.
Nabij God te zijn. 제24장.

하늘의 별 중에 하나님의 영광을 위하지 않는 것이 없듯이, 하나님께서
주신 금가루를 갖고 있는 모든 사람은 아이나 어른을 막론하고 하나님의
영광을 위해서 그 빛을 발하며 반짝거려야 한다.
Nabij God te zijn. 제41장.

우리는 홀로 지내도록 창조 받지 않았다. 우린 홀로가 아니라, "모든 성
도와 함께" 우리는 하나님의 지식에 이를 것이다.
Nabij God te zijn. 제94장.

그리스도는 "만물을 지으시고 생명 되신 영원한 말씀으로 사람을 창조했

다. 그러므로 그리스도는 사람들의 생명되신 영원한 말씀이다." 바울도 "만물은 그리스도에 의해서 창조되었으며, 만물도 그리스도에 의해서 이루어졌다"고 했다.

Calvinism Ⅵ.

가족은 인간의 발명이나 구성물이 아니며 하나님의 창조물이다. 그 가족에서 질서가 수립되고 그 질서로부터 머리가 임명됨으로써 사람이 아니라 하나님만이 가정의 질서를 세울 수 있다.

Anti-revolutionary Staatkunde Ⅰ

피조물로써 모든 거룩한 것과 생명이 있는 모든 소산은 하나님 안에 있고, 하나님으로부터, 하나님을 통해서 나온다.

Nabij God te zijn. 제57장.

우리의 가계, 예민한 신경, 지력과 상상력의 관계, 마음의 긴장, 우리의 기질, 성향과 공감, 양심의 범위, 정서와 기분의 예민함, 우리의 교육, 환경, 사업 이 모든 것이 우리의 영적 존재 전체에 독특한 흔적을 남긴다.

Nabij God te zijn. 제88장.

천국

하늘에 있는 아버지의 집에는 시간이 없고 영원히 존재한다.

Nabij God te zijn. 제70장.

내세 곧 천국의 생활이 실제로 어떠하리라는 것은 아직 계시되지 않았다. 그러나 내세가 무한히 행복하고 영광스러운 생활임을 아는 것으로 충분하다.

Nabij God te zijn. 제74장.

내세 곧 천국의 생활은 이 세상의 기준에 따라 판단할 수 없다.

Nabij God te zijn. 제74장.

그리스도는 우리를 자기 백성들에게 연합시키신 우리의 왕이시고, 우리는 그의 신민이 되고, 어느 날 우리는 그의 왕궁에 있게 될 것이다.

Nabij God te zijn. 제92장.

칭의

죄 많은 악한 사람이라 할지라도 그가 믿는 순간에 의롭다고 인정된다.

Nabij God te zijn. Chap Ⅰ. 4.

칭의는 즉시 완성되는 것이지만, 성화는 점차적으로 성장하는 것이다. 그러므로 불완전한 상태로 남아 있는 것이다.

Nabij God te zijn. Chap Ⅰ. 3.

칭의는 외부적인 정의를 우리에게 전가시키지만, 성화는 우리 자신의 고유한 정의를 위해 활동한다.

Nabij God te zijn. Chap Ⅰ. 3.

칭의는 죄에서부터 떠나는 것이며, 성화는 더럽혀진 것으로부터 떠나는 것을 말한다.

Nabij God te zijn. Chap Ⅰ. 3.

칼빈

16세기에 제네바를 고통스럽게 했던 전염병이 도는 기간에 칼빈은 보다 더 선하고 지혜롭게 행동했다. 그는 병자들의 영적 필요성을 부단히 생각했을 뿐 아니라, 동시에 이제까지 그 어느 누구도 능히 생각지 못했던 위생적 방도를 들여옴으로써 전염병에 의한 손해를 막았다.

Calvinism VI.

칼빈주의을 고백하는 자는 하나님을 아는 데 있어서 두 방편을 말한다는 것을 주목할 필요가 있다. 칼빈은 당시 많은 신학자들처럼 자연을 부속물로 단순하게 취급하지 아니하고(자연 계시), 성경을 안경에 비유하여 말하는 것을 좋아했다(특별 계시). 그래서 칼빈은 자연을 성경으로 다시 보게 했다.

Calvinism VI.

칼빈은 "각 사람의 마음속에 종교의 씨앗(Semen Religionis)이 숨어 있다"고 주장했으며, "신의식(Sensus Divinitatis)은 그것을 신앙으로 고백하든지 아니하든지 간에, 강한 정신적 긴장의 순간에 작용 한다"고 말했다.

Calvinism VI.

칼빈은 출애굽기 주석에서 "모든 예술은 하나님께로부터 나오며 신적인 창출로 존중해야 한다"고 했고,… "모든 자유주의적인 예술이나, 가장 중요한 예술이나, 그 중요성이 가장 적은 예술에서나, 다 하나님의 영광을 더 크게 높이고 찬미해야 한다"고 했다. Calvinism V.

칼빈은 "음악이야말로 마음을 감동시키고, 마음의 성향과 도덕을 고상하게 하는 신비스런 능력이다"라고 높이 평가했고, "음악은 하나님께서 우리의 오락과 즐거움을 위해 베풀어주신 탁월한 은총 가운데서 하나님이 가장 크게 생각하는 것이다"라고 했다. Calvinism V.

예술을 합법적으로 이용하는 것을 칼빈 자신도 반대하지 않았고 오히려 장려하고 권장했다. Calvinism V.

칼빈은 비텐베르크의 영웅인 루터가 독일의 안과 밖에 뿌려놓은 열매를 거둔 셈이다. 그러나 누가 개혁의 원리에 대한 가장 명확한 통찰력을 가졌으며, 누가 온전히 그 원리를 잘 구현시켰으며, 누가 그 원리를 광범위하게 적용시켰느냐 질문을 던진다면, 역사는 비텐베르크의 영웅인 루터가 아니라 제네바의 사상가 칼빈을 가리킨다. Calvinism.

칼빈의 거인적인 정신은 16세기에 한 번의 기묘한 솜씨로 가장 순전한 성경적 스타일로 철저하게 종교적 건물을 세움으로써, 세인의 이목을 집중시켜 놀라게 했다. Calvinism.

칼빈은 밀실이나 방이나 교회 속에만 존재하는 종교를 혐오한다. 그는 시편 기자처럼 하늘과 땅을 부르며 모든 백성들과 나라들을 불러 하나님께 영광을 돌리라고 촉구한다. Calvinism.

칼빈은 죄와 부패를 모든 인간의 비참함의 원천으로 보았다.
Calvinism.

칼빈에게 있어서 오직 필요한 것은 성경(Neccessitas Sola Scripturae)이란 표현은 성경의 모든 것을 지배하는 권위를 나타내는 불가피한 표현이다.
Calvinism.

칼빈에게 있어서 하나님께 대한 사랑과 숭앙 그 자체가 모든 영적 활동의 동기들이다. 그래서 하나님을 두려워하는 것이 하나의 실체로서 삶 전체에 파급되었다. Calvinism.

칼빈은 복음이야말로 가장 광범위하고 포괄적이고 우주적인 의미로 이해하였다. Calvinism VI.

칼빈을 평가한다면 16-17세기마저 자기의 일을 이루신 분은 칼빈보다 더 크신 하나님 자신이라는 인상이 생생하게 느껴졌다. Calvinism.

칼빈에게 있어서 교회는 신앙을 고백하는 개인들 자신들 속에 발견된다. 그리고 하늘에 속한 눈에 보이지 않는 진정한 교회는 지상 교회에서 그 모습을 드러내야 한다. 그렇지 못하면 하나의 공회는 될지 몰라도 교회는 아니다. Calvinism.

나는 성경의 요구와 요한 칼빈이 보여준 전통을 따라서 하나님의 주권을 전면에 내세웠다.   Souvereiniteit in Eigen Kring, 1880. 총장 취임 연설.

오늘날에도 평화와 권력의 분산과 도시의 자치 제도는 칼빈의 가르침을 이어받은 것이다.   Souvereiniteit in Eigen Kring, 1880. 총장 취임 연설.

복음이 가진 이 평범하고 포괄적이고 우주적 의미를 칼빈은 다시 이해했다. 그것도 변증법적인 과정의 결과가 아니라, 칼빈 개인적 삶을 형성했던 이른바 하나님의 영광과 엄위에 대한 깊은 인상의 결과를 이해한 것이다.   Het Calvinisme. p.112.

칼빈의 주도적인 사상은 신학적으로나 서구의 모든 나라에 특히 더 단순한 서민 계급이 있는 곳과 시골에서 자리를 잡았다.
    A. Kuyper, Anti revolutionary Staatkunde Ⅰ. Calvinism p.35.

◀ 칼빈의 석고상
  (칼빈박물관 소장)

칼빈주의

칼빈주의자들과 사회주의자들은 양자 모두가 강한 목적 의식에 의하여 이끌고 있다. 하지만 사회주의자들은 단지 세상적 성공에만 관심이 있을 뿐이다. 그러나 칼빈주의는 노동의 대가로서 하나님의 나라를 희망하는 것에 기독교 민주주의자들의 힘이 발견된다. 1891. Maranatha

칼빈주의만이 부단히 우리로 하여금 십자가에서 창조 사역으로 돌아가도록 권면하고 있다. 또한 일반 은총의 교리를 결코 낮게 평가하지 못하게 하는 주도적 원리를 방편으로 해서 우주의 넓은 분야를 의의 태양이신 그리스도의 조명을 받아 학문적인 연구를 하도록 길을 열어 놓았다. Calvinism VI.

칼빈주의을 고백하는 자는 하나님을 아는 데 있어서 두 방편을 말한다는 것을 주목할 필요가 있다. 칼빈은 당시 많은 신학자들처럼 자연을 부속물로 단순하게 취급하지 아니하고(자연 계시), 성경을 안경에 비유하여 말하는 것을 좋아했다(특별 계시). 그래서 칼빈은 자연을 성경으로 다시 보게 했다. Calvinism VI.

하나님은 악을 변화시켜 선을 내시는 분이시다. 때문에 우리 칼빈주의자들은 우리의 죄악 된 본성을 핑계 삼으려는 잘못된 일을 결코 범하지 않아야 한다. Calvinism VI.

칼빈주의는 신학을 연구만 하는데 만족하고 세속 학문들은 우리의 대적들에게 넘겨주어도 된다는 생각은 참으로 위험하고 어리석은 생각이다. 칼빈이 기독교 철학(Philosophy Christian)을 요구했다는 것은 바로 그것을 잘 알고 있었기 때문이다. Calvinism VI.

칼빈주의는 모든 자유로운 예술은 하나님께서 신자들이나 불신자들에게 차별 없이 주신 은사라고 가르쳤다. 칼빈은 "이 신적 빛의 광선이 하나님의 성도들보다, 믿지 않는 사람들 속에 더 눈부시게 비취었다"라고 했다. Calvinism V.

칼빈주의는 교회의 질서에만 멈추지 않고 인간의 삶의 체계까지 확장되며, 교의적인 뼈대를 구축하는 데만 기운을 다 쓰지 않고 인생과 세계관을 만들었다. Calvinism VI.

칼빈주의는 인생에 대한 심오하고 진지한 개념 때문에 사회적이고, 윤리적인 끈을 강화시키고 신성하게 하였다. 그러나 불란서 혁명은 그 끈을 풀어 완전히 느슨하게 해버렸고, 인생을 교회로부터 떼어 놓았을 뿐 아니라, 하나님의 규례를, 심지어 하나님 자신에게서 분리시켰다. Calvinism VI.

칼빈주의만이 부단히 우리로 하여금 십자가의 창조 사역으로 돌아가도록 권면했으며, 일반 은총의 교리를 결코 낮게 평가하지 못하게 하는 주도적 원리를 방편으로 해서 우주의 넓은 분야를 태양 외 그리스도의 조명을 받아 학문적 연구를 하도록 했다. Calvinism V.

칼빈주의 부류들에서 가장 심오한 탐구자는 자신이 하나님 앞에 죄인임을 언제나 인식했으며, 세상에 속한 일들에 대한 자기의 빛나는 총명을 하나님의 긍휼 탓으로 돌린다. Calvinism VI.

나는 미국 헌법 전문의 여러 조항들이 결정적으로 민주주의적 관점을 취하면서도 불란서 혁명의 무신론적 입장을 따르지 않고, 칼빈주의적인 하나님의 최고의 주권에 대한 고백을 기초로 삼고 있음을 관찰했다. Calvinism VI.

어느 사학자는 "칼빈주의는 스위스, 네덜란드, 영국을 개혁시켰고, 미국으로 건너간 102명의 청교도(Pilgrims Father)를 통해서 미국의 번영에 촉매 역할을 했다"고 한다. Busken, Het Land of Rembrandt.

역사적으로 칼빈주의라는 이름은 종교개혁이 움직여 나간 통로이다. Calvinism.

칼빈주의는 정치적 명칭으로 주를 이루는 정치 정신 속에서, 국가들의 자유를 보장하는 정치 운동을 지지한다. Calvinism.

나는 칼빈주의 안에서 내 마음의 안식을 얻었다. 또한 나는 칼빈주의로부터 큰 원리들의 격렬한 투쟁에 확고하고 결연하게 임하겠다는 열정을 고취 받았다.
Het Calvinism. I 장.

칼빈주의는 그 나름의 독특성을 지닌 종교 형태로 뿌리를 내리고 있으며 이 특별한 종교 의식에서 처음에는 고유한 신학으로, 그다음에는 특별한 사회 질서로, 그다음은 정치, 사회, 도덕 세계의 질서 해석, 자연과 은혜, 기독교와 세상, 교회와 국가, 예술과 과학 등으로 발전했다.
Calvinism.

칼빈주의는 근본적으로 3가지 관계들을 명백히 세운다.
①하나님과의 관계, ②사람에 대한 관계, ③세상에 대한 관계인데, 하나님과 우리와의 관계를 특별히 해석하는 것으로 출발한다.
Calvinism.

칼빈주의는 심오한 근본 사상을 갖고 있다. 칼빈주의는 이교도처럼 피조물 속에서 하나님을 찾지 않고, 이슬람교처럼 하나님을 피조물과 격리시키지 않고, 로마 가톨릭처럼 하나님과 피조물 사이에 중간 매개체를 두지 않는다. 다만 칼빈주의는 하나님을 피조물 위에 뛰어나 높은 엄위를 계시하면서도, 성령 하나님으로 피조물과 직접 교제하신다는 고차원의 사상을 선포한다.
Calvinism.

'칼빈주의'는 어떤 천재의 제단에서 향을 피운 적이 없고, 어떤 칼빈주의의 영향들을 위해서 기념비를 세운 적도 없다. 또한 칼빈주의 영웅들의 이름을 따서 거의 부르지도 않았다. 제네바의 조그마한 돌 하나만 남아서 칼빈의 이름을 생각나게 한다. Calvinism.

칼빈주의는 하나님과의 직접적 교제에 대한 근본적 해석 원리를 갖게 된 것이다. 칼빈이 그 해석 원리를 고안했기 때문이 아니라, 이 직접적 교제 가운데서 하나님께서 친히 우리 조상들에게 한 특권을 허락하셨기 때문에 그렇게 된 것이다. 또한 그 특권을 최초로 분명하게 의식하게 된 사람이 칼빈일 뿐이다. Calvinism.

칼빈주의는 세상에서 수도원으로 도피하는 것이 아니라, 삶의 모든 위치에서 하나님을 섬기는 의무를 강조하였다. Calvinism.

칼빈주의는 하나님의 면전에 자신을 둠으로써, 사람이 하나님의 형상을 닮았기 때문에 사람을 존귀케 했을 뿐 아니라 세상도 하나님의 피조물로 높였다. 특별 은총 곧 구원의 은총이 있다는 대원리를 앞에다 내세웠다. 특별 은총으로 구원을 이루시고 일반 은총으로 세상의 생명을 유지시키시며, 세상에 대한 저주를 느슨하게 유화시키며, 세상 부패의 과정을 지체시키시며, 창조주 하나님께 영광을 돌리게 하신다는 대원리를 표방한다. Calvinism.

칼빈주의자는 감정이나 의지에만 국한한 종교를 생각할 수 없다. 때문에 인간의 모든 재능과 능력을 포함한 인간 전 존재는 신의식(Sensus divinitatis)으로 젖어야 한다. Calvinism.

칼빈주의자에게는 성경의 필요성이 논리적이고 방법론적인 논증에 있는 것이 아니라 성령의 즉각적인 증거에 달려 있다. Calvinism.

칼빈주의자에게 있어서 모든 윤리적인 연구는 시내산 율법에 기초한다. Calvinism.

세상을 도피하는 것은 칼빈주의적 표지가 결코 아니다. 다만 그것은 재침례파의 구호였다. Calvinism.

칼빈주의자는 자신을 교회 속에다 가두고 세상을 제멋대로 되도록 내버려 둘 수 없었다. 오히려 칼빈은 이 세상을 더 높은 단계로 발전하도록 촉진할 높은 소명을 가졌다. Calvinism.

칼빈주의는 하나님의 주권을 사람들 가운데 있는 모든 주권의 원천으로 주장한다. 그래서 칼빈주의자는 모든 개인과 모든 사람을 하늘에 계신 우리 아버지의 면전 앞으로 데리고 간다. Calvinism. III.

칼빈주의는 가정의 영역에 결혼권과 가내 평안권과 교육권과 소유권 등의 권리를 가지고 나름의 영역을 편다. Calvinism. III.

칼빈주의가 국가 만능주의를 저항한다는 것은 충분히 밝혀진 셈이다.

또한 칼빈주의는 존재하는 법만이 옳다고 주장하는 무서운 개념을 배격한다.
Calvinism. III.

칼빈주의자들은 언제나 자유를 위해 담대하고 용기 있게 투쟁해왔다. 뿐만 아니라 교회 영역 내에서 교회가 가져야 할 주권을 위해서 싸웠다.
Calvinism. III.

칼빈주의는 모든 인생을 하나님 앞에 놓는다면, 남자와 여자, 부자와 가난한 자, 약한 자와 강한 자, 둔한 자와 재주 있는 자 모두가 하나님의 피조물이요, 죄인이므로 누가 우리 위에 주인 노릇을 못하게 한다. 우리 모두는 하나님 앞에 평등하고 서로 동등하다.
Calvinism.

바른 교육 특히 칼빈주의적 세계관을 가진 교육은 획일적인 유물주의 교육관과 투쟁해야 한다.
Souvereiniteit in Eigen Kring, 1880. 총장 취임 연설.

칼빈주의 안에서 나는 내 마음의 안식을 얻었다. 또한 나는 칼빈주의로부터 이 큰 원리들의 격렬한 투쟁에 대해 확고하고 결연하게 임해야겠다는 열정을 고취 받았다.
Calvinism. 1899. p.3.

칼빈주의는 우주론 곧 가장 광범위한 의미에서 온 우주, 눈에 보이든지 보이지 않든지 온 우주의 영역과 범주를 붙들고 계시는 하나님의 주권을 지배 원리로 삼는다.
Calvinism Het Calvinisme en de Staatkunde. p.70.

칼빈주의적 예술이란, 하나님을 중심 한 칼빈주의 세계관으로 하는 예술 활동이다.
Calvinisme. p.196.

◀ 칼빈의 전신상
(네덜란드)

칼빈주의자

하나님은 악을 변화시켜 선을 내시는 분이시다. 때문에 우리 칼빈주의자들은 우리의 죄악된 본성을 핑계 삼으려는 잘못된 일을 결코 범하지 않아야 한다.   Calvinism VI.

칼빈주의자는 감정이나 의지에만 국한한 종교를 생각할 수 없다. 때문에 인간의 모든 재능과 능력을 포함한 인간 전 존재는 신의식(Sensus divinitatis)으로 젖어야 한다.   Calvinism.

칼빈주의자에게는 성경의 필요성이 논리적이고 방법론적인 논증에 있는 것이 아니라 성령의 즉각적인 증거에 달려 있다.   Calvinism.

칼빈주의자는 하나님의 면전(Coram Deo)에 있고, 하나님을 보며, 하나님과 동행하며, 자기의 전 존재 속에서 하나님을 느끼며 산다.
                                                         Calvinism.

칼빈주의자는 자신을 교회 속에다 가두고 세상을 제멋대로 되도록 내버려 둘 수 없었다. 오히려 칼빈은 이 세상을 더 높은 단계로 발전하도록 촉진할 높은 소명을 가졌다.   Calvinism.

칼빈주의자들도 권징에 의한 정화가 없는 교회를 받아들이기를 단호히 거부했다. 명목상의 징계는 다시 교회와 세상이 뒤섞이며, 이것은 참교회를 파멸로 이끌었다.

A. Kuyper, Anti revolutionary Staatkunde Ⅰ. Chap 12 Staat en kerk

◀ 카이퍼에게 성경적 정통 신앙으로 돌아오도록 충고한 베이스트 교회의 여성도 발투스(P. Baltus)

특별 계시

계시는 하나님의 뜻을 선지자들이나 사도들에게 기적의 특수한 방법으로 전달하여 주는 것이다.   Nabij God te zijn. 제4장. 16.

특별 계시의 성질은 매우 질서 정연함으로 공증적 논증을 허용하지 않는다. 만약 사도들에게 주신 계시가 다른 사람이 듣고 기록했다면, 그것은 사도들이 들어서 발표한 것과 같이 했을 것으로 생각할 수 없다.
    Nabij God te zijn. 제9장. 35. 신약 성경의 성격.

모든 계시는 하나님의 말씀으로부터 시작되기 때문에, 복음은 장차 올 구원의 기쁜 소식이고 선포된 구속의 기쁜 소식이다.
    Nabij God te zijn. 제56장.

계시 된 진리 외에 증가 되는 일은 없다. 때문에 계시를 더 받는 일이 가능하다고 생각하는 병적인 신비주의는 19세기 동안에 성경에 단 한 줄도 보태지 못하였다.   Nabij God te zijn. 제67장.

하나님의 말씀 즉 하나님의 계시가 아니면, 인간 이성이라는 명제는 오랜 대립상을 이루었다.   뿌라야 대학 총장 취임 연설. 1880.10.20

특별 은총

칼빈주의는 하나님의 면전에 자신을 둠으로써, 사람이 하나님의 형상을 닮았기 때문에 사람을 존귀케 했을 뿐 아니라 세상도 하나님의 피조물로 높였다. 특별 은총 곧 구원의 은총이 있다는 대원리를 앞에다 내세웠다. 특별 은총으로 구원을 이루시고 일반 은총으로 세상의 생명을 유지시키시며, 세상에 대한 저주를 느슨하게 유화시키며, 세상 부패의 과정을 지체시키시며, 창조주 하나님께 영광을 돌리게 하신다는 대원리를 표방한다. Calvinism.

하나님을 아는 지식은 성경으로부터 나오고 자연을 통해서는 부분적으로 알 수 있다. Nabij God te zijn. 제43장.

모든 계시는 하나님의 말씀으로부터 시작되기 때문에, 복음은 장차 올 구원의 기쁜 소식이고 선포된 구속의 기쁜 소식이다. Nabij God te zijn. 제56장.

특별 은총이란 바로 주 하나님의 본질과 덕성이다.　　Genade particular. p.10.

특별 은총은 말로 다 할 수 없는 하나님의 자비이다. Genade particular. p.400.

특별 은총 없이는 일반 은총은 아무런 소용이 없다.　　Genade Gratie. p.400.

성경의 흐름을 구속사적으로 살펴보면 성경은 실제로 특별 은혜를 가르친다.　　Genade Gratie. p.93.

일반 은총 안에는 구원의 능력이 전혀 없기에 특별 은총, 즉 언약 은총이 필요하다.　　Genade Gratie. p.45.

『하나님께 가까이(명상록)』▶
1908년 출간된 A. 카이퍼
의 대표적 저서

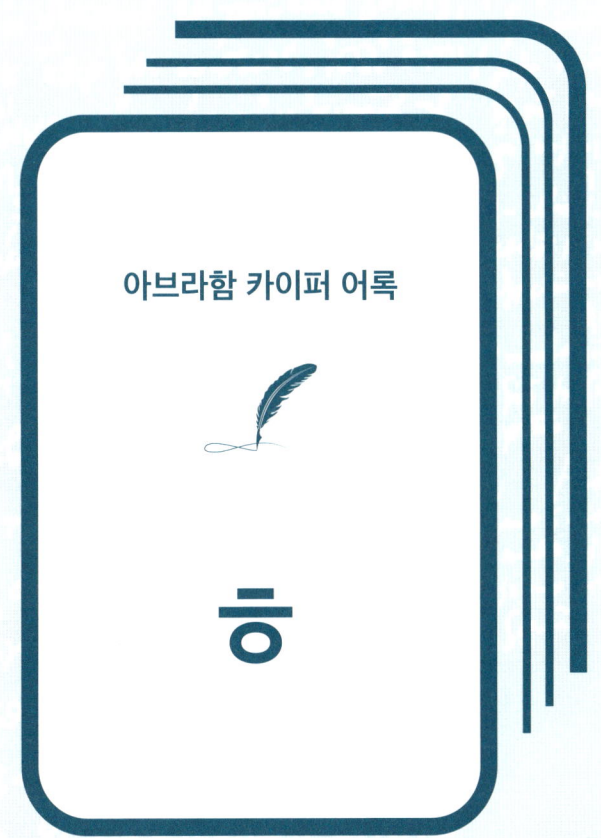

하나님

하나님은 악을 변화시켜 선을 내시는 분이시다. 때문에 우리 칼빈주의자들은 우리의 죄악 된 본성을 핑계 삼으려는 잘못된 일을 결코 범하지 않아야 한다.
Calvinism VI.

모든 종교의 출발점은 사람이 아니고 하나님이시다. 따라서 사람은 도구요 방편이고 하나님만이 목표요 출발점이요 물들이 흘러나오는 셈이시다.
Calvinism.

모든 것의 목적과 목표는 주 하나님만이 되어야 한다.
Werk van Heilige Geest

하나님만이 선하거나 악한 것을 결정할 수 있는 권리가 있다.
Werk van Heilige Geest

하나님께서 인간을 도구로 사용하시는 것을 기뻐하는 것은 사실이다.
Nabij God te zijn. Chap Ⅰ. 13.

하나님은 우리의 성화가 그리스도로부터 직접 나오도록 명령하셨다. 성령은 이런 일을 하시는 분으로서 그리스도로부터 우리를 취하신다는 것을 알려 주신다. Nabij God te zijn. Chap Ⅰ. 8.

무소부재(無所不在)하신 하나님께서 순간순간 피조물을 활기 있게 하시고, 유지시키시므로 사역의 힘과 법칙의 시행이 된다.
Nabij God te zijn. Chap Ⅲ. 재창조. 9. 창조와 재창조.

하나님은 자신의 행사들과 말씀의 취지를 잊지 않고 기억하게 하려고 사람들에게 말씀하시고 행하실 뿐만 아니라 사람들에게 기록해야 한다고 명령하셨다. Nabij God te zijn. 제4장. 16.

하나님께서 인간이 되신 것 외에 무엇이 성육신이란 말인가? 만일 여러분이 주님 안에서 하나님께서 인간의 방법으로 여러분에게 오셨다는 것을 느끼지 못한다면 이것이 무슨 유익이 있겠는가?
Nabij God te zijn. 제5장.

우리의 존재는 우리의 주권자이시며 심판자이신 하나님에 의해서 결정되는 것이다. Nabij God te zijn. 제6장. 32. 영원한 칭의 됨.

여러분을 창조하신 분은 하나님이시며, 여러분의 인격, 기질, 성격, 우월한 성향 등을 조성하신 분 또한 그분이시다. Nabij God te zijn. 제7장.

하나님만이 홀로 영혼의 외로움을 물리치시고 죽음의 공포에 사로잡혀 있는 우리를 위로하시며 세상적인 관심사와 쾌락에 오염된 우리를 구할 수 있다. *Nabij God te zijn.* 제11장.

우리 영혼의 가장 깊은 은거지에 들어오실 수 있는 분은 오직 성부, 성자, 성령 하나님이시다. *Nabij God te zijn.* 제11장.

하나님께서 여러분 생애의 태양이라는 사실을 깨닫는 이 복된 지식은, 하나님께 가까이 이끌어 주며 삶의 광채를 던져주고 딱딱한 추상 개념들에서 벗어나게 해준다. *Nabij God te zijn.* 제14장.

하나님이 나의 방패라는 것은, 우리의 보호자로서 하나님을 의지하며 우리의 신앙으로써 하나님과 하나가 된다는 것이다. *Nabij God te zijn.* 제18장.

하나님은 인격적인 분으로 우리의 친구가 되어 주시고 우리와 함께 대화하시며 동행하신다. *Nabij God te zijn.* 제23장.

하나님은 하늘에 계신 우리 아버지로서 우리에게 말씀해주시고 우리의 기도를 들으시는 분이시며, 그분 안에는 거룩한 사랑이 용솟음쳐 흐르고 있다. *Nabij God te zijn.* 제23장.

하나님은 영이시다. 그러므로 예수 안에서 하나님 아버지를 보려고 하는 사람은 예수님 안에서 하나님이신 영을 보아야만 한다. *Nabij God te zijn.* 제26장.

영혼의 조각가 되시는 하나님께서는 미술 조각가와 같이 앞에 놓여 있는 모델을 보고 작업하시지 않고, 자신의 형상을 따라 우리를 조각하신다. 왜냐하면 하나님께서는 조각가이심과 동시에 모델이시기 때문이다.

Nabij God te zijn. 제32장.

하나님은 모든 것이지만 우리는 아무것도 아니다. 왜냐하면 그분은 높고 고귀하시지만, 우리는 그분이 만드신 연약한 피조물에 불과하기 때문이다.

Nabij God te zijn. 제38장.

자연은 하나님 밖에서 그리고 하나님 없이 스스로 존재하는 완성된 예술 작품이 아니다. 왜냐하면 매일 밤 여러분에게 총총한 하늘의 별을 보여 주시는 분이 바로 하나님이시기 때문이다.

Nabij God te zijn. 제43장.

하나님은 보이지 않는 분으로 자연의 휘장 뒤에 숨어 계시고, 우리는 그 휘장이 굽이치고 흔들리는 움직임을 통해서 하나님이 우리와 가까이 계시다는 것을 인식한다.

Nabij God te zijn. 제44장.

하나님께서는 단 한 사람 그리스도 안에서 자신의 온전한 형상을 완벽하게 보여주신다.

Nabij God te zijn. 제45장.

하나님은 시간이나, 장소나, 어디에도 매이지 않고 어디나 계신다는 것이 믿음의 인식이다.

Nabij God te zijn. 제55장.

하나님은 당신의 자녀들에게 독특한 성향과 적합한 소명을 주어 창조하시고 선택하셨다.
Nabij God te zijn. 제79장.

하나님은 모든 믿는 자에게 똑같이 의의 한 태양이시다.
Nabij God te zijn. 제89장.

종교도 하나님의 형상대로 지은 받은 인간 속에서 만이 그 분명한 모습을 드러낸다. 그것은 인간이 종교를 구하기 때문이 아니라 하나님께서 스스로 인간의 본성 속에 참되고, 진수적(眞髓的), 종교적 표현을 심어놓으셨기 때문이다. 그것을 종교의 씨앗(Semen Religionis)이라고 한다.
Calvinism.

하나님께서는 우리로 성경 말씀을 존귀하게 여기게 하시기 위하여 지금은 아무런 말씀도 하지 않으신다.
Het Werk Van Heilige Geest. 1888. p.4.

자신을 계시하신 하나님은 기독교 신학의 원천이며, 신학은 성경 곧 하나님의 말씀이라는 기본 틀 위에 이루어진다.
Bibliotherica sacra, vol 61. "The Biblical Critism of present Day". p.409-442.

기독교 신학의 연구 목적은 종교가 아니고 하나님이다. (not Religion but God).
Principles of Sacred Theology. p.213-214.

하나님 중심

성경은 우리의 영적 생활의 반영이다. 때문에 하나님 중심의 사상이 없으면 참된 영적 생활은 있을 수 없다. Nabij God te zijn. 제4장 12. 성경.

삶의 규범이란, 항상 하나님이 중심이 되어야 하며, 삶의 기준이 하나님께 부합되어야 한다. 뿐만 아니라 하나님으로부터 나와서 하나님을 추구해 나아가는 것이어야만 한다. Nabij God te zijn. 제40장.

쟁기로 갈고 씨를 뿌리는 사람이든, 작업대에서 일하는 목수나 석공이든, 혹은 자녀와 가정을 돌보는 어머니이든지, 삶의 어떤 위치에 있든지 간에 언제나 하나님 없이 일해서는 안 되고, 언제나 하나님께 봉사하듯이 일해야 한다. Nabij God te zijn. 제98장.

우리의 개인적인 생활이나 가정 생활에서 또는 연구와 노동에서 우리는 우리가 하는 모든 일에서 하나님을 분리시킬 수 없고, 분리시키는 것이 아니라, 그 일을 바르게 해석한다면 오히려 하나님은 우리를 하나님께로 이끄는 것이다. Nabij God te zijn. 제98장.

하나님과의 교제

우리의 신앙적 삶을 좌우하는 가장 심오한 문제는 우리가 하나님과 개인적으로 어떻게 교제하느냐 하는 것이다.   Nabij God te zijn. 제4장.

하나님과의 의사소통 곧 교제는 우리의 삶을 성화시켜 주고 보호해주는 능력이 있다.   Nabij God te zijn. 제6장.

성령님의 도구가 되면 영혼들을 변화시킬 뿐만 아니라, 영원하신 생명과 교제케 되는 것이다.   Nabij God te zijn. 제8장. 29.

하나님과의 교제라는 거룩한 은혜를 결코 평범한 일로 여겨서는 안 된다.   Nabij God te zijn. 제9장.

하나님과의 교제의 단절은 우리를 불행하게 만든다.   Nabij God te zijn. 제9장.

하나님의 면전에서 그분과 만날 수 있는 특권 이외에 하나님과의 교제를 다른 방법으로 설명할 수 없다.   Nabij God te zijn. 제10장.

우리의 고독한 영혼의 치료법은 오직 한가지! 하나님과 교제 하는 것이다.

Nabij God te zijn. 제11장.

성경은 하나님은 영이시라는 것과 하늘에 계신 우리 아버지시며 우리 곁에 오셔서 우리와 만나시며 교제를 나누신다는 것을 끊임없이 가르쳐 주고 있다.
Nabij God te zijn. 제23장.

기독교의 정수(精髓)는 영원하신 하나님과 복된 교제를 나누는 것이다. 그러므로 황금빛 찬란히 빛나는 하나님께 대한 사랑은 이러한 교제 속에서만 이루어진다.
Nabij God te zijn. 제37장.

하나님께서는 우리를 창조하실 때, 서로 떨어져 있을지라도 친밀한 교제를 나눌 수 있도록 창조하셨다.
Nabij God te zijn. 제56장.

예배와 하나님과의 복된 교제에 전념하면 죄를 버리고자 하는 충동이 마음속에서 자연스럽게 일어난다.
Nabij God te zijn. 제70장.

하나님과 은밀히 교제하는 것은 본질에 있어서 천상의 것을 미리 맛보는 것이다.
Nabij God te zijn. 제70장.

성령으로 말미암아 하나님과 교제하면 여러분의 영은 하나님을 인격체로 만나고 인격적으로 알게 된다. 그래서 영원하신 하나님과 인격적인 사귐을 갖게 되고, 아이가 아버지와 대화하듯이 삼위일체 하나님과 대화를 나누게 된다.
Nabij God te zijn. 제78장.

성령과의 교제는 다름이 아니라 바로 하나님과의 교제이다.

Nabij God te zijn. 제78장.

그리스도와 여러분의 영혼 사이에 신비한 연합으로 영원한 사랑의 관계가 세워져 있어야 한다.

Nabij God te zijn. 제86장.

하나님과의 은밀한 교제는 언제나 그리스도 안에 있다.

Nabij God te zijn. 제100장.

기도 즉 하나님과의 소통 곧 교제는 우리의 삶을 성화시켜주고 보호해 주는 능력이 있다.

Het Werk Van den Heilige Geest. p.157.

▲ 1920년 은퇴한 후 그의 딸 Jo와 함께 헤이그의 거리를 산책하는 A. 카이퍼의 모습

하나님과의 인격적인 교제

우리는 살아계신 하나님과 개인적이고 인격적인 교제를 나눌 수 있어야 한다.
Nabij God te zijn. 제13장.

하나님은 인격적인 분으로 우리의 친구가 되어 주시고 우리와 함께 대화하시며 동행하신다.
Nabij God te zijn. 제23장.

여러분의 인격은 삼위일체 하나님의 거룩하신 임재 안에서 사는 것이다.
Nabij God te zijn. 제39장.

성령으로 말미암아 하나님과 교제하면 여러분의 영은 하나님을 인격체로 만나고 인격적으로 알게 된다. 그래서 영원하신 하나님과 인격적인 사귐을 갖게 되고, 아이가 아버지와 대화하듯이 삼위일체 하나님과 대화를 나누게 된다.
Nabij God te zijn. 제78장.

하나님께 더 가까이

성도라고 해도 실제로는 영원하신 하나님과 친밀한 교제를 갖지 못하고, 또 위대하신 하나님을 자신의 구속주로 모셔들이지 못하고, 하나님과 일대일로 맺게 되는 구원의 은혜를 체험하지 못한다면 "나는 하나님을 사랑합니다"라는 감격을 외칠 수 없을지도 모른다.

Nabij God te zijn. Chap Ⅰ.

말씀을 가까이 하는 자는 안전하고 그러한 고민에 빠지지 않는다. 성경은 성령을 거역하는 죄에 대해 분명히 밝힌다.

Nabij God te zijn. Chap Ⅱ. 37.

성령의 내적 사역이 많을수록 하나님과 우리와의 거리는 없어진다.

Nabij God te zijn. Chap Ⅲ. 6장. 하나님께 대하여.

하나님의 집에 계신 그분께 가까이하는 것이야말로 모든 경건한 소원과 노력의 유일한 결과이며 목적이다.

Nabij God te zijn. 제4장. 주의 날개 안에.

하나님을 가까이함이 영혼의 즐거움이다. 때문에 이 즐거움을 의식하지 못한 가운데 우리는 하나님의 은혜로운 몫을 기대할 수 없다.

Nabij God te zijn. 제85장.

하나님 가까이에 거하는 것만큼 인생에서 고귀한 목적을 이루는 것이 없고, 하나님의 거룩한 이름을 위해 싸우고 고난을 받는 것만큼 높은 야망이 없다는 것을 알게 된다.
Nabij God te zijn. 제86장.

영혼이 하나님께 가까이함과 그리스도와의 신비한 연합은 함께 간다.
Nabij God te zijn. 제86장.

하나님께 가까이 가는 것은 무리와 함께 가는 것이 아니라, 개인적인 방식으로 하나님께 나아가는 것이다.
Nabij God te zijn. 제88장.

그리스도인의 흔적을 지니는 것, 곧 하나님을 가까이함은 속죄를 통해서 또 중보자와의 관계를 통해서만 이루어진다.
Nabij God te zijn. 제89장.

예배만큼 우리의 영혼을 하나님께 가까이 가게 하는 데 효과적인 것은 없다.
Nabij God te zijn. 제91장.

하나님께 영광

우리가 존재하는 매 순간마다 우리의 영적 생명 전체는 하나님 자신에게 달려 있다. 그러므로 "오직 하나님께 영광(Soli Deo Gloria)"은 출발점이자 결론이다.
Calvinism.

인간의 학문 역시 하나님께로 향하게 하는 것이 기독교 신자의 의무라고 생각한다. 학문의 한 분야 즉 신학이 하나님께 대한 지식을 목적으로 하여 그 역할을 잘 할 뿐 아니라, 모든 학문이 총체적으로 하나님께 영광을 돌리도록 해야 한다.
Werk Van Heilige Geest. p.313.

우리는 화가, 조각가, 선교사, 자선가처럼, 하나님께 대한 사랑을 품고, 모든 영역에 하나님께 진실한 영광을 돌리도록 해야 한다.
Werk Van Heilige Geest. p.313.

하나님 없는 세속 학문과 하나님 중심적 학문은 확실히 구분된다. 하나님의 절대 주권을 믿을 때 국가는 절대 권력을 가질 수 없으며, 하나님은 각 영역에 주권을 분산하여 그들이 처지에서 하나님께 영광을 돌리게 한다.
Souvereiniteit in Eigen Kring, 1880. 총장 취임 연설.

하나님을 아는 지식

하나님께서 여러분 생애의 태양이라는 사실을 깨닫는 이 복된 지식은, 하나님께 가까이 이끌어 주며 삶의 광채를 던져주고 딱딱한 추상 개념들에서 벗어나게 해준다. Nabij God te zijn. 제14장.

하나님을 아는 지식, 바로 그 자체가 영생이다. 따라서 이 지식을 가지고 있는 사람은 이미 지금 영생을 소유한 자이다. Nabij God te zijn. 제25장.

하나님의 뜻을 행하는 것은 하나님을 아는 지식의 특별한 양상으로 이해나 느낌으로는 도저히 얻을 수 없는 하나님에 대한 산지식에 반드시 필요하다. Nabij God te zijn. 제30장.

하나님을 아는 것이 영생이라면 하나님에 관한 지식은 실생활과 절대로 떨어질 수 없다. 때문에 영생은 내세에 누리는 생명뿐 아니고 현재 누리는 것임을 상기하라. Nabij God te zijn. 제30장.

무식한 불가지론자들 앞에서 우리는 담대하게 그리고 잠시의 머뭇거림도 없이 '그리스도의 말씀, 영생은 곧 유일하신 참하나님을 아는 것이니라'를 강조했다. Nabij God te zijn. 제33장.

하나님을 아는 지식은 성경으로부터 나오고 자연을 통해서는 부분적으로 알 수 있다.
Nabij God te zijn. 제43장.

하나님을 아는 참된 지식은 지적 훈련의 산물이 아니라, 여러분의 영혼이 내적으로 인식하고 경험하는 것에서 출발점을 찾을 때만 진실한 것이 된다.
Nabij God te zijn. 제46장.

하나님의 무한한 자비에 대한 풍부한 지식은 우리에게 최고의 지식이며, 이 최고의 지식은 죄와 비참함으로 낙원이 파멸되었다는 것과 직접적으로 연결되어 있다.
Nabij God te zijn. 제50장.

하나님을 아는 지식은 하나님에 대한 사랑에 의해 가장 효과적으로 길러지고 전달된다.
Nabij God te zijn. 제50장.

하나님의 계명

나의 소원은 세상의 모든 반대에도 불구하고, 하나님의 거룩한 계명은 사람들의 선을 위하여 다시 가정과 학교와 국가에 건설될 것이며, 성경과 자연이 증거 하는 주님의 계명을 국민의 양심 속에 되새기고, 국민들을 다시 하나님께 경의를 표하게 되리라는 것이다. 나에게 이 거룩한 소명을 빼앗아 가려거든 차라리 내 생명을 거두어 가라!

1897. Standaard. 사설

▲ 1902년 기독교인으로 구성된 내각 회의를 주재하는 A. 카이퍼 수상

하나님의 계시

하나님의 모든 계시는 바로 그리스도 안에 있는 믿음을 향하여 진행되어 왔다. 따라서 전(全) 복음은 그리스도의 믿음에 기초를 두고 있다.

Nabij God te zijn. 제72장.

하나님의 말씀 즉 하나님의 계시가 아니면, 인간 이성이라는 명제는 오랜 대립상을 이루었다.

뿌라야 대학 총장 취임 연설. 1880.10.20.

하나님께서는 말씀하셨다. 우리는 하나님의 말씀 안에서 그 뜻을 이해할 수 있는 하나님의 계시를 소유하게 된다. 이런 기초 위에 여러 원리들이 충돌할 때 하나님의 결정하는 바에 따라 승복해야 한다.

1873.6.7. Standaard

하나님의 권위

나는 절대 주권자이신 하나님의 권위를 놀랍게 지지하면서도 동시에 자유의 발전과 확장을 방해 받아서는 안 된다.

Utrecht 교회 설교. 1873.11.

법으로부터 하나님을 삭제하면, 법에 대한 확실성은 사라지며 법 이론에 있어서 근본적인 난제가 발생한다. 법률을 만든 인간은 본질적으로 법에 대한 충분한 기반이 되지 못한다. 성문법보다는 더 상위의 권위가 존재함이 틀림없다.

1902.4.4. 카이퍼의 의회 연설문.

하나님의 나라

우리가 설교하는 하나님의 나라는 프랑스 혁명의 원리에 기초한 것이 아니다. 따라서 하늘나라에서 불완전한 성화의 인간은 없다.

Nabij God te zijn. Chap Ⅰ. 5.

그 나라는 우리 왕의 것이다. 그러므로 선교는 예수의 왕 되심과 더불어 시작해야 한다.

Encydopaedie Vol. Ⅲ. p.469.

◀ A. 카이퍼의 『일반은총론』 1895-1901년까지의 더 헤라우트(De Heraut)지에 연재된 글을 모아 1905년에 출판하였다. 이 책은 1931년에 출판된 3판, 전 3권이다.

하나님의 뜻

하나님의 뜻과 말씀은 절대적이어서 모든 것을 통제한다.

Werk van Heilige Geest

하나님의 뜻은 인간들이 하늘에 계신 아버지를 영화롭게 하는 것이다. 하나님은 우리가 행하여야 할 선행을 준비하셨다.

Nabij God te zijn. Chap Ⅰ. 7.

하나님의 뜻을 행한다는 것은 우리의 특별한 삶뿐만 아니라, 평범한 삶을 총망라한 전체적인 삶 가운데 이루어지게 된다.

Nabij God te zijn. 제30장.

교회는 성도들의 뜻보다 하나님의 뜻을 따라야 한다. 왜냐하면 교회의 근원을 통제하는 구속력은 인간의 선택이 아니라 하나님의 말씀이기 때문이다.

Lecture on Calvinism. p.13.

하나님의 말씀

신앙의 확실한 근거는 하나님의 말씀 밖에 없다.

Werk van Heilige Geest. 제4장. 21.

하나님의 말씀 즉 하나님의 계시가 아니면, 인간 이성이라는 명제는 오랜 대립상을 이루었다.

뿌라야 대학 총장 취임 연설. 1880.10.20.

우리 기독교인들은 두 개의 왕국을 가지고 있습니다. 그래서 우리는 두 왕국 아래서 이중적인 백성으로 살아가고 있습니다. 이 두 왕국을 하나님께서는 우리에게 은혜로 주셨습니다. 그러나 우리의 잘못, 죄, 허물 때문에 두 왕국이 서로 대립하게 된 것입니다. 때문에 이 대립 속에서 우리는 오직 하나님의 거룩한 말씀의 빛으로 평가되고 판단되어야 합니다.

1887.6.16. 미들벅에서의 히 11장 '믿음의 용사'란 설교에서

"하나님의 말씀이 국민적 실천을 불러 일으킬 수 있는 표준이다"라고 웅변적으로 주장하였다. 또한 "성경은 사람에게 하나님이 존재한다는 것을 입증시켜 주는 안경 역할을 하며, 죄의 나락에 떨어지는 창조 세계를 어떻게 이해할 것인지를 보여주는 안내자"라고 말했다.

Nabij God te zijn. 1872.4.1. Standaard

하나님께서는 말씀하셨다. 우리는 하나님의 말씀 안에서 그 뜻을 이해할 수 있는 하나님의 계시를 소유하게 된다. 이런 기초 위에 여러 원리들이 충돌할 때 하나님의 결정하는 바에 따라 승복해야 한다.

1873.6.7. Standaard

인간의 통찰력은 하나님이 선포하신 말씀 앞에 무릎을 꿇어야 한다.

Standaard. 1873.6.7.

결국 어느 영역에서든지 하나님의 말씀에 다스림을 받아야 한다.

Calvinism. III.

하나님의 뜻과 말씀은 절대적이어서 모든 것을 통제한다.

Werk van Heilige Geest

지식을 위해 신비 중의 신비인 하나님의 놀라운 말씀이 아직도 교회에서 이해되지 않은 채로, 마치 죽은 돌과 같이 또는 불에 탄 돌과 같이 되어 있음을 조사하지 않으면 안 된다.

Nabij God te zijn. Chap Ⅰ.

우리의 지식의 참된 근원은 성령에 의해 우리에게 주신 말씀 즉, 복된 성경의 말씀이다.

Nabij God te zijn. Chap Ⅰ.

말씀은 "하나님의 거룩한 사랑이며, 악을 용납하지 않으며, 잘못된 즐거움으로부터 돌아오려고 할 때, 죄인이 받는 고통을 덜어 주는 사랑이다."

라는 것을 가르친다.   Nabij God te zijn. Chap II. 18.

하나님은 말씀하시고 그 말씀으로 생기를 부어 주신다.
   Nabij God te zijn. 제4장. 14.

하나님의 말씀은 결과가 되고 모든 사물들의 상태를 변경시킨다.
   Nabij God te zijn. 제4장. 14.

하나님의 말씀은 헛된 데로 돌아가지 않고 하나님의 말씀은 소리가 아니고 세력이다. 때문에 하나님의 말씀은 영혼을 쪼개어 심는 것이고 말씀의 배후에는 성령의 촉진하는 힘이 있다.   Nabij God te zijn. 제4장. 14.

말씀의 확신(Sealing)은 신앙을 진작시키는 것이고, 말씀의 해석 작용은 바른 이해를 심어주며, 말씀의 적용은 성경에 따라서 생활하도록 하는 것이다.   Nabij God te zijn. 제10장. 38.

하나님의 말씀은 성령님의 자식이다. 왜냐하면 성령님께서 말씀을 낳으셨기 때문이다. 우리는 말씀을 전적으로 성령님의 특수하신 활동에 기인한 것으로 본다. 성령님은 말씀의 맨 처음 창조자 즉 말씀의 원칙적 저자이시다.   Nabij God te zijn. 제10장. 38.

하나님의 말씀이 순전히 전파되고 성례전이 옳게 시행되고 있다면, 그 교회의 질서에는 크게 문제 되는 것이 없다.   Nabij God te zijn. 제10장. 39.

우리가 하나님의 말씀을 읽을 때 성령님은 우리로 하여금 그 성경 구절을 기억나게 하신다. 다시 말해서 성령님은 우리로 하여금 하나님의 말씀을 기억하게끔 깊이 역사하신다. 이것이 성령님의 직접적인 적용이다.
Nabij God te zijn. 제10장. 38.

그리스도께서는 구속의 사역을 통해서만 우리에게 오시는 것이 아니라, 그리스도께서는 만물보다 먼저 하나님과 함께 계셨고 하나님이신 영원한 말씀이시다.
Nabij God te zijn. 제56장.

기도를 시작하기 전에 성경을 읽는 것은, 언제나 우리로 하여금 기도할 수 있게 만들 뿐만 아니라, 영혼을 수반하는 신성한 언어로 기도할 수 있게 하는 수단이다.
Nabij God te zijn. 제93장.

성령님은 성경 말씀과 함께 임하는 것이니 그 말씀은 영감 되고 준비된 말씀이며 성령 자신 즉 하나님이 준비하시고 기록하신 말씀이다.
Het Werk Van de Heilige Geest. p.193.

성경 곧 하나님의 말씀은 살아 있다.
A. Kuyper. Heraut. No.908.

성경 곧 하나님의 말씀은 구속사적(Geschiedenis der heilsopenbaring)으로 기술되었다.
De Heraut. No.294. 8. sept

자신을 계시하신 하나님은 기독교 신학의 원천이며, 신학은 성경 곧 하나님의 말씀이라는 기본 틀 위에 이루어진다.

Bibliotherica sacra, vol 61. "The Biblical Critism of present Day".p.409-442.

참된 교회는 오직 하나님의 말씀인 성경을 확고히 지키고, 인본주의 적인 종교 단체로서의 교회와는 확연히 구별되어야 한다.

Alexander Comrie. p.198.

◀ A. 카이퍼가 사용했던 의자
De Standaard지의 편집장으로 48년간 재직할 당시 사용했던 의자

하나님의 면전(코람데오)

칼빈주의는 하나님의 면전에 자신을 둠으로써, 사람이 하나님의 형상을 닮았기 때문에 사람을 존귀케 했을 뿐 아니라 세상도 하나님의 피조물로 높였다. 특별 은총 곧 구원의 은총이 있다는 대원리를 앞에다 내세웠다. 특별 은총으로 구원을 이루시고 일반 은총으로 세상의 생명을 유지시키시며, 세상에 대한 저주를 느슨하게 유화시키며, 세상 부패의 과정을 지체시키시며, 창조주 하나님께 영광을 돌리게 하신다는 대원리를 표방한다. Calvinism.

칼빈주의자는 감정이나 의지에만 국한한 종교를 생각할 수 없다. 때문에 인간의 모든 재능과 능력을 포함한 인간 전 존재는 신의식(Sensus divinitatis)으로 젖어야 한다. Calvinism.

사람들이 어디에 서 있든지, 무엇을 하든지, 자기 손에 무엇을 쥐고 있든지, 농업이나 상업이나 또한 그의 생각이나 예술계나 과학계나 어디에 손을 대고 있든지, 그런 것이 무엇이든지 간에 사람은 끊임없이 하나님의 면전(Coram Deo)에 서 있어야 한다. Calvinism.

칼빈주의자는 하나님의 면전(Coram Deo)에 있고, 하나님을 보며, 하나님과 동행하며, 자기의 전 존재 속에서 하나님을 느끼며 산다. Calvinism.

참된 종교는 자기를 하나님의 면전(Coram Deo)에 두는 것으로 시작한다.

Calvinism.

칼빈주의는 하나님의 주권을 사람들 가운데 있는 모든 주권의 원천으로 주장한다. 그래서 칼빈주의자는 모든 개인과 모든 사람을 하늘에 계신 우리 아버지의 면전 앞으로 데리고 간다.

Calvinism. III.

하나님을 하나님으로 받드는 사람만이 참된 신앙인이다. 그러므로 하나님의 위엄 앞에서는 왕도, 빈민도 저울 위에 놓은 작은 먼지와 같고, 인간은 하나님의 면전에서 볼 때 한 방울의 물처럼 실로 아무것도 아니다.

Calvinisme and confessional Revision. 1891. p.378-379.

▲ 화란 개혁주의 계보

하나님의 사랑

하나님의 사랑은 성령에 의해서 우리의 마음속에 나타난다.

Nabij God te zijn. Chap Ⅱ. 19.

하나님의 사랑은 우리를 하나님께로 향하게 하고, 우리의 마음 또한 거룩한 즐거움으로 부풀어 오르게 하며 은혜로운 감동을 준다.

Nabij God te zijn. 제38장.

사랑은 인간의 영혼 속에서 시작되는 것이 아니고 하나님 안에서 시작하는 것이다. 왜냐하면 그것은 하나님께로부터 우리에게 오기 때문이다.

Nabij God te zijn. 제38장.

우리의 모든 신앙심은 예수 그리스도에 의해 사랑이라는 더 강력한 의미에 초점을 맞춰야 하고 이 사랑이 우리 인격 전체에 스며들어야 한다.

Nabij God te zijn. 제40장.

하나님께 대한 사랑은 광범위한 일반 은총 범주의 생활보다 더 우월하게 표현된다.

Nabij God te zijn. 제41장.

모든 사랑은 하나님에 대한 사랑으로부터 나와야 한다.

Nabij God te zijn. 제41장.

사랑이야말로 가장 고상한 것이며, 유일하며, 최대의 것이다.

Nabij God te zijn. 제41장.

성령께서는 우리를 떠나지 않으실 뿐만 아니라, 우리를 결코 포기하지 않으시고, 계속해서 우리와 함께 거하며 우리를 있는 그대로 받으신다. 이것이 성령의 무한한 사랑이요, 거룩한 사랑이다.

Nabij God te zijn. 제83장.

먼저 하나님을 바라보고 그다음에 이웃을 바라보는 것이 칼빈주의 추진력이요, 칼빈주의가 취하는 지성과 영성의 관례이다. 이 거룩한 하나님께 대한 두려움과 하나님의 면전에서 연합하여 함께 서는 자세로부터 더 거룩한 민주주의 개념이 발전하였고 끊임없이 그 터가 굳어졌다.

Calvinism.

하나님의 섭리

우리의 잉태와 출생은 하나님의 지혜와 계획에 따라 하나님의 거룩한 작용에 의해서 이루어진 하나님의 활동이다. Nabij God te zijn. 제90장.

하나님의 섭리 아래서 세상의 어떤 일들이 관심과 아름다움을 일으키는지 잘 알아야 한다. Nabij God te zijn. 제106장.

하나님께서는 사람으로는 헤아릴 수 없는 그의 섭리를 따라서 구원받아야 할 자를 택하신다. The Bablical election. p.308.

하나님의 영광

하나님과 함께, 하나님 안에서, 만물의 최종적 목적은, 하나님의 영광이 되게 하는 것이다. Werk van Heilige Geest. 제2장. 13.

우리가 존재하는 매 순간마다 우리의 영적 생명 전체는 하나님 자신에게 달려 있다. 그러므로 "오직 하나님께 영광(Soli Deo Gloria)"은 출발점이자 결론이다. Calvinism.

교회는 하나님께로 기원되며, 그 나타나는 형태도 하나님께로 오는 것이고 처음부터 끝까지 교회의 목적은 하나님의 영광을 선포하는 데 있다. Calvinism.

선행을 하려는 노력조차도 하나님의 영광(Soli Deo Gloria)을 최우선하지 않으면 불가능하다. Werk Van Heiligheid. 1889. p.224

말씀을 가르치는 목사들은, 성화가 하나님께서 인간 속에서 행하고 있는 하나님의 활동이라는 것과 하나님 자신의 이름의 영광을 위하여 인간에게 선행을 하라고 권고하였다는 것을 이해하여야 한다. Nabij God te zijn. Chap Ⅰ. 13.

성경은 하나님의 영광이 하나님의 자녀들로 말미암아 최대로 반영됨을 결론으로 한다. 왜냐하면 그들이 성령으로 나지 않았다면 아무도 하나님의 자녀가 될 수 없기 때문이다. 그러므로 우리는 하나님의 영광이 하나님의 선택에 또는 하나님의 교회에 가장 명백하다는 것을 시인한다.

Nabij God te zijn. Chap II. 5.

하나님의 영광은 모든 피조물의 궁극적 목적이다.

Nabij God te zijn. Chap II. 5.

성경은 하나님의 영광의 광채를 그리고 있으며, 우리에게 하나님의 형상과 인격을 보여주기 위함과 그 배경을 제시하고 있다.

Nabij God te zijn. 제4장 12.

하나님의 영광을 위해 노래하는 일도, 악기를 연주하는 일도 하지 않는 기독교 국가는 스스로 약해진다.

Nabij God te zijn. 제61장.

우리의 소명은 세상 한가운데 있고, 바로 여기에서 하나님은 영광을 받으셔야 한다.

Heraut. 1903.

모든 것이 하나님의 영광을 위해서 행해져야 하기에 하나님의 규례는 개인, 가정, 국가 등 삶의 모든 영역에 있어서 참다운 가르침이 된다. 따라서 성경은 심지어 우리의 정치적 입장에 있어서도 기준이 된다.

1897. A.R.P 선거 캠페인.

인간은 하나님의 형상을 가진 자로서 우주를 하나님의 영광을 위해서 바치라는 소명을 받은 존재이다. Calvinism.

◀ 「칼빈주의 강연」
1898년에 프린스턴에서 행한 Stone 강좌 내용

하나님의 예정

성령님은 성부 하나님이 영원 전부터 성도를 예정하사 부르게 하고, 성자께서는 그들을 구속하게도 하셨으니, 성 삼위는 성도들에게 빛을 밝게 하였고, 내면적 어두움에 불을 붙게 하시며, 하나님의 모든 교회가 성부와 성자께 영원토록 희생적 사랑과 충성을 바치도록 하시는 것이다.

Nabij God te zijn. Chap III. 43.

하나님의 예정과 계획은 하늘같이 높으며 결과적으로 우리의 이해를 초월한다.

Nabij God te zijn. 제34장.

하나님의 은혜

죄인이 한 번 되살아나서 은혜를 받는 것은 모든 은혜의 기원이다.

Werk van Heilige Geest. 제3장. 18.

은혜의 출발점은 육체에 있는 것이 아니라 영혼에 있다. 죄 또한 육체에서 시작하는 것이 아니라, 영혼에서 시작되는 것이다.

Nabij God te zijn. Chap Ⅰ. 14.

구원은 하나님의 주권적 은혜로만이 얻어졌으며, 얻어지는 것이요, 언제나 얻을 수 있다.

Nabij God te zijn. Chap Ⅰ.

주권적 은혜에 의해 사망에서 영생으로 옮겨진 하나님의 백성은 이러한 신적 교제를 의식한다.

Nabij God te zijn. Chap Ⅱ. 7. 피조된 인간.

구원의 방법에 있어서 이것은 은혜를 위한 은혜이며, 죄의 방법에 있어서는 죄를 위한 죄인 것이다.

Nabij God te zijn. Chap Ⅱ. 31.

성령님의 사역 제2의 활동은 은혜의 영역에 있다.

Nabij God te zijn. Chap Ⅲ. 재창조. 10. 유기적 또는 개별적 재창조.

기도는 은혜를 위한 간구이며, 성령께서 예수 그리스도 안에 있는 은혜의 부요함을 보게 하는 영적인 눈을 보내주셔야 비로소 말할 수 있다.

Nabij God te zijn. Chap III. 42.

하나님과의 교제라는 거룩한 은혜를 결코 평범한 일로 여겨서는 안 된다.

Nabij God te zijn. 제9장.

우리에게 있어서 모든 예배, 모든 감사, 모든 찬송, 모든 송영은 하나님의 헤아릴 수 없는 은혜의 기초 위에 있다.

Nabij God te zijn. 제91장.

그리스도의 구속 사역(Verlossingswerk)은 하나님의 은혜에서 출발한다.

Genade particular. p.69.

하나님의 의

우리는 칼빈과 함께 기도할 수 있으며, 죄를 용서하시는 하나님에 대해서 어거스틴과 함께 할 수 있고, 오웬(J. Owen)과 함께 그리스도의 위대하신 계획에 대해서 생각하며 공의와 함께 하나님의 의의 길로 행하게 된다.
Nabij God te zijn. Chap Ⅱ. 25. 성도의 교제.

하나님이 우리를 의롭다고 선언하시고 의롭다고 여기실 때 우리가 비록 죄 가운데 있을지라도 우리는 의로운 후사인 것이다.
Nabij God te zijn. 제6장 31. p.556.

죄인 된 인간은 하나님을 기쁘게 할 수 없다. 다만 하나님께서 자신의 의로움을 나타내시고 그의 자비와 긍휼로 우리를 의롭다고 선포해 주시는 것이다.
The Death and Resurection of Christ. p.82.

하나님의 자녀

하나님의 자녀들이 세상과 타협할 때는 전혀 평안을 얻지 못하게 된다.

Nabij God te zijn. Chap Ⅰ

하나님의 자녀들이 '그리스도가 그의 모든 보물이다'라는 것은 그 자신의 경험으로부터 안다.

Nabij God te zijn. Chap Ⅱ. 27.

여러분이 하나님의 자녀라면 높은 소명을 받고 있는 것이고, 하나님의 백성들은 당신의 전 인격으로 하나님 아버지의 모습을 보게 될 것이다.

Nabij God te zijn. 제28장.

영원을 사모하는 마음을 주셨기 때문에 하나님의 모든 자녀는 새로 시작되는 한 해를 용감하게 마주하도록 해야 한다.

Nabij God te zijn. 제60장.

우리가 살아온 모든 해수를 포함한 우리의 전 인생은 하나님 앞에서의 하나의 계획이며 설계이고 하나의 통일체이다.

Nabij God te zijn. 제60장.

빛의 자녀들은 세상의 소금이며, 하나님의 거룩한 성도로서 하나님의 교회를 세속으로부터 보존하고 하나님의 회중을 죽음으로부터 보존해야 한다.   Nabij God te zijn. 제63장.

경건의 진정성뿐 아니라 자신이 참된 하나님의 자녀인지 시험하는 표준은, 우리 자신에게서나 다른 어떤 성도에게서 가져오는 것이 아니고, 철저히 하나님의 말씀 안에서 가져와야 한다.   Nabij God te zijn. 제88장.

◀ 카이퍼의 박사 학위 논문

하나님의 재창조

하나님의 성령은 성격상 창조에서 나타나고, 은혜에 있어서는 재창조로서 나타난다.
Nabij God te zijn. Chap III. 10.

성령의 재창조는 중생 된 자 안에서 이미 점화된 영생의 불꽃을 활기 있게 하며, 자연적 생명의 불꽃을 지속케 한다.
Nabij God te zijn. Chap III. 9.

성령의 사역에 대해 참으로 표준점이 될 요소는, 재창조(re-creation)에 있음을 생각하게 된다.
Nabij God te zijn. Chap III. 9.

하나님의 주권(主權)

무신론적 인민 주권론, 국가 주권론에 대립하여 사람들 사이에 존재하는 모든 권위와 주권은 하나님께로부터 온다. 　　　1896.5.3. 의회 연설문.

하나님의 법의 기준은 국민들에게 적용되어야 하고, 국민들은 왕과 정부로부터 독립된 의회를 통해서 신성한 주권을 합법적으로 주장할 수 있어야 한다. 　　　1896. 국회에서 선거법 개정 법률안을 발의하면서

우리를 지키는 말은 먼저 하나님의 나라를 구하여 그러한 후에 우리 자신의 필요를 생각하라. 먼저 삼위 하나님의 절대 주권을 고백하는 일부터 하라. 왜냐하면 만물이 그에게 속했고 그로 말미암고 그에게로 돌아가기 때문이다. 　　　Calvinism.

칼빈주의는 종교가 공리주의적이거나 개인의 복락을 가져온다는 행복 등의 방식으로 사람을 위해 존재하는 것이 아니라, 오히려 하나님만을 위해 존재하는 것으로 여긴다. 이것이 바로 칼빈주의의 하나님의 주권 교리이다. 　　　Calvinism.

칼빈주의는 하나님의 주권을 사람들 가운데 있는 모든 주권의 원천으로 주장한다. 그래서 칼빈주의자는 모든 개인과 모든 사람을 하늘에 계신

우리 아버지의 면전 앞으로 데리고 간다. Calvinism. III.

어떻게 올바른 관계가 회복되었느냐는 것이 아니라, 그것이 하나님의 주권적 의지와 일치하느냐 하는 것이다. Nabij God te zijn. Chap Ⅰ. 4.

하나님의 주권이 그들의 적들을 추적하여 그들의 죄과에 따라 응보를 받게 하는 것이 그의 백성들의 기도이며 희망이다.
Nabij God te zijn. Chap Ⅰ. 3.

하나님의 주권이 참된 주권의 근본이라면 통치자 하나님에 의하여 모든 것이 결정되어야 마땅하며, 또한 지상의 왕들의 권위는 하나님에게 절대적으로 최고로 기원되는 것이지 달리 어떻게 될 수 없음이 분명한 것이다. Nabij God te zijn. 제6장. 31.

우리 주 하나님의 주권은 모든 권위의 원천이며 근원이며 모든 구속력의 원천이다. Nabij God te zijn. 제6장. 31.

하나님의 주권을 믿을 때 나는 죄인이라는 것과 죄에 감염되어 죽을 수밖에 없는 허물 많은 죄인임을 깨닫게 된다. Nabij God te zijn. 제6장. 30.

주님은 절대적 주권자임과 동시에 율법 수여자로서 의로운 것을 결정하신다. 또한 재판관으로서 우리의 존재와 행위를 판단하시고 왕으로서는 상과 벌을 분배하신다. Nabij God te zijn. 제6장. 30. 칭의.

우리가 살아온 모든 해수를 포함한 우리의 전 인생은 하나님 앞에서의 하나의 계획이고 설계이며 하나의 통일체이다.

Nabij God te zijn. 제60장.

시간을 해와 날로 구분하는 것은 우리가 발명하지 않았다. 그것은 전적으로 하나님께서 우리를 위해 정하셨다.

Nabij God te zijn. 제60장.

하나님께서는 여러 세기를 시계의 숫자판처럼 매 시간, 매 분을 재고 계신다.

Nabij God te zijn. 제60장.

성령의 사역으로 말미암은 구원은 하나님의 영원한 주권적 은혜로 얻어졌다.

Werk Van Heilige Geest. 1888. p.11

하나님 없는 세속 학문과 하나님 중심적 학문은 확실히 구분된다. 하나님의 절대 주권을 믿을 때 국가는 절대 권력을 가질 수 없으며, 하나님은 각 영역에 주권을 분산하여 그들이 처지에서 하나님께 영광을 돌리게 한다.

Souvereiniteit in Eigen Kring, 1880. 총장 취임 연설.

하나님의 주권을 말하면서 우리 인간이 살고 있는 이 세상에는, 모든 것을 주장하시는 그리스도께서 내 것이라고 주장할 수 없는 땅은 단 한 치도 없다.

Souvereiniteit in Eigen Kring, 1880. 총장 취임 연설.

칼빈주의는 우주론 곧 가장 광범위한 의미에서 온 우주, 눈에 보이든지 보이지 않든지 온 우주의 영역과 범주를 붙들고 계시는 하나님의 주권을 지배 원리로 삼는다. Calvinism Het Calvinisme en de Staatkunde. p.70.

▲ <난장이 카이퍼> A. 카이퍼의 단신(168cm)을 풍자한 만화

하나님의 통치

모든 지상의 통치권은 하나님의 통치권의 미약한 것을 반영하는 것뿐이다.
Nabij God te zijn. Chap Ⅰ. 3.

우리의 머리이신 그리스도께서 온 땅에서 활동하고 계시는 것은 보이지 않고 관찰할 수 없지만, 강력하고 체계적인 신적 통치가 있음이 분명하다.
Nabij God te zijn. 제102장.

하나님의 은혜로 모든 사람을 보호하시는 것은, 성령께서 우리 마음속에 부으시는 영향력과 우리의 왕이신 그리스도의 영광스러운 통치에서 나온다.
Nabij God te zijn. 제103장.

영역 주권이란, 피조물의 모든 국민들에게 머물러 계시는 그리스도의 우주적 통치를 말한다.
1880.10.10. Vrije Universiteit 설립 메시지. Souvereiniteit in eigen Kring

결국 어느 영역에서든지 하나님의 말씀에 다스림을 받아야 한다.
Calvinism. Ⅲ.

예수 그리스도의 왕권은 가정과 사회와 정부와 교회와 학교와 기독교 기관에 연결되어 있다. 다시 말해서 예수 그리스도는 그 모든 분야에서 왕이시다.
Pro Rege III. 1911. p.155.

각 영역 주권의 근원은 국가가 아니고 하나님 자신이다. 만약 영역 주권이 없다면 국가는 무한한 절대 권력을 갖게 된다. 그렇게 되면 국민의 생활 방식, 그들의 권리, 양심 심지어 신상까지도 국가가 결정하게 된다.
Souvereiniteit in Eigen Kring, 1880. Vrije Universteit 총장 취임 연설.

◀ 신학 백과 사전
1894년 암스텔담에서 출간된 카이퍼의 대표적 저서이다.

하나님의 편재성

다윗보다 더 아름다운 상상의 경지에서 하나님의 편재하심과 전지하심을 묘사한 사람이 있었는가? 그는 "귀를 지으신 자가 듣지 아니하시랴, 여호와여 네 혀의 말을 알지 못하는 것이 하나도 없으시니이다"라고 했다.

Nabij God te zijn. 제5장.

우리는 어디를 둘러보아도 하나님의 위엄을 피하여 숨을 곳은 없다.

Nabij God te zijn. 제52장.

하나님은 시간이나, 장소나, 어디에도 매이지 않고 어디에나 계신다는 것이 믿음의 인식이다.

Nabij God te zijn. 제55장.

하나님께서는 우리를 앞뒤로 두르신다. 그러므로 우리가 주의 영을 떠나 어디로 가며, 주의 앞에서 어디로 피할 수 있겠는가?

Nabij God te zijn. 제57장.

하나님의 형상

모든 인간은 하나님의 형상을 상실하거나 부분적으로 잃어버린 것이 아니라, 각 사람에게 인(印) 박힌 대로 잔존해 있다.

Werk van Heilige Geest. 제2장. 13. 거억하는 행위로서의 죄의 세력.

하나님께서는 여러분을 그분의 형상대로 지으셨다. 때문에 하나님과 인간 사이에 거룩한 분이 인간의 형상을 입으셨다.

Nabij God te zijn. 제5장.

그리스도 자신은 보이지 않는 하나님의 형상으로 하나님의 본체의 형상이라 불리운다. 그리고 인간은 이 형상을 따라 창조되었다.

Nabij God te zijn. 제28장.

하나님은 우리 영혼 속에 자신의 형상을 따라 조각하심으로 우리로 하여금 점점 더 그분 자신을 닮아가게끔 하신다.

Nabij God te zijn. 제32장.

인간은 하나님의 형상을 가진 자로서 우주를 하나님의 영광을 위해서 바치라는 소명을 받은 존재이다.

Calvinism.

학문

학문이 아무리 완전하고 박식하다 할지라도, 하나님을 따로 떼어 놓고 그분의 존재에 대해서 의심을 품게 되거나 그분을 부인하게 되면, 그것은 더 이상 학문이 아니라 죄악이다. Nabij God te zijn. 제40장.

인간의 학문 역시 하나님께로 향하게 하는 것이 기독교 신자의 의무이다. Nabij God te zijn. 제40장.

신학 외에 교과 과정에 관하여 포괄적 의미에서 모든 학문(Wissenschaft)은 신앙에 기초하여야 한다. 때문에 모든 사람은 두 개의 범주, 즉 하나님 중심이든가? 인간 중심이든가? 어느 한쪽의 신념에 속한다.

뿌라야 대학 총장 취임식. 1880.10.20.

학문은 삼라만상에 대한 체계적 배움이다. 특별히 기독교 학문은 성경이 증언하는 창조주 하나님에 대한 믿음과 우주의 유기적 통일성에 대한 믿음을 고백한다. 이렇게 하나님은 원사유자이시고 인간은 학문을 통하여 하나님의 사유를 반영하지 않으면 안 된다.

1904.2.25. 카이퍼의 의회 연설문

믿음과 학문이라는 두 학문적 체계, 두 학문적인 섬세함은 서로 반대되는 것이 아니라 서로 신뢰하는 것이다. 때문에 학문이 신학을 반대한다고 말할 수 없다.
Calvinism VI.

모든 학문은 그들의 전공 분야에서 확실한 성경적 세계관으로 연구해야 한다. 따라서 신학부는 인간의 마음속에 있는 악과 싸워야 하고, 의학부는 인간의 몸속에 있는 병과 싸우고, 법학부는 사회의 법률적 악과 싸워야 한다.
Principle of Sacred Theology. p.210-211.

중생자와 비중생자는 근본적으로 서로 다른 마음을 갖고 있기에, 그 둘은 사물을 인식하고 판단하는 데도 서로 반대되는 입장을 갖고 있다. 때문에 이 땅에는 두 종류의 인간과 두 종류의 학문이 있을 뿐이다.
Encyclopaedie der Heilige Godgeleerheed. 1894. II. p.101.

함께 하시는 하나님

우리는 우리의 모든 사물에 있어서 또는 모든 시대에 모든 환경에서 하나님과 관계치 않을 수 없다. 왜냐하면 이 세상에 하나님을 제외한 일이란 결코 없기 때문이다. Werk van Heilige Geest. 제2장. 14.

복음 자체는 하나님 아버지께서 우리에게 오셔서 우리와 함께 거하신다는 풍요롭고 영광스러운 생각으로 나타내 준다.
Nabij God te zijn. 제10장.

하나님은 높이 하늘에게 계심과 동시에 우리와 가까이 계신다.
Nabij God te zijn. 제32장.

이 세상에서 곧 한창 고난받는 가운데 영광의 영 곧 하나님의 영이 여러분 위에 계시다는 것을 하나님의 천사들도 알고 하나님의 자녀들도 안다.
Nabij God te zijn. 제87장.

항거할 수 없는 은혜

자석이 쇠를 끌어당기듯 하나님께서는 그의 택한 영혼을 끌어당기신다. 그러므로 하나님이 그의 영혼을 끌어당길 때는 아무도 항거할 수 없다.

Met Heel uw Ziel werk van Heilige Geest. p.289. 마22:37-38. 설교.

혁명의 모순

혁명은 이상주의의 모순이다. 왜냐하면 자유가 되어지자마자 억압이 뒤따르고, 평등이 전파되었으나 여전히 계급 간의 전쟁이 발발하였기 때문이다.

1889.5.3. A.R.P 전당 대회 연설.

혁명주의가 표방하는 자유와 그리스도의 십자가 사이의 근본적 대립은 구원의 본질과 관련을 맺고 있다.

1889.5.3. A.R.P 전당 대회 연설.

현대주의

모든 차이를 부정하고 없애버리는 현대주의는 남자 같은 여자, 여자 같은 남자를 만들어 모든 차이를 평준화시켜 버려 정신을 차릴 수 없게 하고 있다. 그리고 인생을 획일화라는 금령 아래 쑤셔 넣어 죽여 버렸다. 그래서 모두 다 한 타입, 한 유니폼, 한 지위, 동일한 인생으로 발전을 꾀하고 있다.
Calvinism.

전투에서 명예롭게 임하고 승리의 소망을 가지려면 원리를 이길 원리를 정비해야 한다. 현대주의는 모두를 포함하는 삶의 체계의 거대한 힘으로 우리를 공략한다고 느낀다.
Het Calvinism. 삶의 체계로서의 기독교. Ⅰ장.

현대의 윤리적 신학자들은 성령께서 인간의 인격을 만들었다는 사실을 거부한다. 이런 주장은 성경이 말하는 완전한 경륜을 반대하기 때문이다.
Nabij God te zijn. Chap Ⅱ. 7.

칼빈주의에 점점 잠식해 들어오는 위압적 기세를 가지고 덤벼드는 현대주의 공격으로부터 프로테스탄트 국가들의 결연하고 합법적이고 지속적으로 지켜줄 오직 유일한 방법은 칼빈주의다.
Calvinism. Ⅰ장.

현대주의자들과 이른바 윤리 신학자들은 성경을 영적인 안내자로 추켜세우면서도 실제로는 성경의 진리를 거부하고 있다.

Biblical Critism. p.430.

▲ 정성구 박사 저서 출판 기념회에서 윤상문(Kingdom Books 대표) 목사에게 감사패 증정 모습

확신

지식과 확신은 별개의 것이 아니라, 둘 다 서로를 촉구하는 것임을 발견하게 된다.　　　　　　　　　　　　　　Nabij God te zijn. 제7장. 37.

참된 신앙은 두 가지 사실로서 구성된다.
첫째는 하나님의 모든 진리가 그의 말씀에서 우리에게 계시 된 것을 굳게 잡는 확실한 지식이며, 둘째는 참된 확신 즉 성령님이 복음으로 말미암아 내 심령에 역사하심을 확고히 믿되 타인에게가 아니라 내게도 죄의 용서와 영원한 의 또는 구원이 하나님의 자유로우신 주권에 의해 부여하심을 믿는 것이다.　　　　　　　　　Nabij God te zijn. 제7장. 37.

기독교 신앙은 어떤 내면적 지식으로써 얻는 것이 아니라, 단순히 신적 작정의 방법으로 취득되고 거기에 지식을 더하게 될 때 확신에 이르게 되는 것이다.　　　　　　　　　　　Nabij God te zijn. 제7장. 35.

성도가 파멸되지 않는 신앙에 머무는 것은 성령님의 작용의 결과일 뿐만 아니라, 성령님께서 계속적으로 확신을 공급해 주시기 때문이다.
　　　　　　　　　　　　　　　　Nabij God te zijn. 제10장. 38.

성경 말씀의 확신은, 말씀의 신적 권위 없이, 신앙 없이 하나님의 말씀으로 존재할 수 없다. Nabij God te zijn. 제10장. 38.

▲ A.R.P 정당으로부터 카이퍼가 받은 25년 봉직 기념품

회개(회심)

회개는 하나님을 미워하는 그 심령이, 하나님을 사랑하는 것으로 바뀌는 것을 의미한다. 그래서 회개한 사람은 그 심령으로부터 "나는 주님을 사랑하노라"라는 말을 진실되게 하게 된다.

Werk van Heilige Geest. 제5장. 28.

비중생자라고 해서 진리에 접촉이 될 수 없을 정도로 무감각한 것은 아니다.

Werk van Heilige Geest. 제5장. 28. 부르신 자의 돌아옴.

세례 받은 자라고 해서 반드시 회개한 자들이 아니다.

Werk van Heilige Geest. 제5장. 28.

죄인은 본성으로는 귀머거리 이기에, 듣기 위해서는 들을 만한 귀를 받지 않으면 안 된다. 왜냐하면 죄인 된 본성으로는 성령이 교회들에게 하시는 말씀을 들을 수 없는 존재이기 때문이다.

Werk van Heilige Geest. 제5장. 부르심과 회개. 27. 중생자의 부르심.

성령이 우리에게 의식적이고 무의식적으로 사역 되는 사이에 무의식적으로 우리에게 사역 되는 것은 중생이라 이름하며, 회개는 우리에게 의식을 통해 하나님의 사람으로 재빠르게 바뀐다.

Werk van Heilige Geest. 제4장. 23.

신앙은 즉시 회개에 이르게 한다. 새 인생의 주입은 신앙의 첫 행위를 낳고 회개는 신앙을 따른다. Werk van Heilige Geest. 제4장. 19.

신앙 훈련의 결과는 회개이다. 때문에 하나님의 자녀가 인생의 행로에서 명백히 깨닫게 됨은 은혜의 길이요 장소이다.
Werk van Heilige Geest. 제4장. 19. 중생.

회개는 다만 질병의 치료가 아니고 죄에서 돌이키는 것이다.
Werk van Heilige Geest. 제3장. 18.

무신론을 자기 근본 사상으로 받아들이기를 거부하는 사람은 누구든지 칼빈주의로 돌아올 수밖에 없다. Calvinism.

회개는 중생자의 자의적 행위가 아니다. 왜냐하면 성령님 없이 회개와 중생이 따라오는 것이 아니기 때문이다. 성령님께서는 지금 성도 안에 거하신다.
Nabij God te zijn. 제5장. 29.

성경에 표현된 회개라는 용어의 4가지 용법에 주의할 필요가 있다.
① 악함을 저버리고 도덕성에 반대됨에서 떠나는 의미
② 구원 얻는 회개(사 55:7)
③ 우리 삶의 전체와 관계되고 적용되지 않을 수 없다.

④ 첫사랑으로 돌아가는 회개를 뜻한다.

Nabij God te zijn. 제5장. 29.

중생하고 효과적 부름을 입은 자 즉 선택된 자들은 그들 스스로 회개한다.

Nabij God te zijn. 제5장. 29. 돌아오는 자들의 온전한 회개.

하이델베르크 교리 문답(the Hedelberg Catechism)에서 "참다운 회개란, 옛사람이 죽은 것과 새사람으로 다시 사는 것으로 구성된다"고 가르친다.

Nabij God te zijn. 제6장. 30. 칭의.

회개할 때 새 생명을 얻지 않고는 참된 신앙을 가질 수 없으며, 중생 안에서 하나님의 형상을 닮은 창조 당시 본래의 특성이 다시 살아나게 된다.

Nabij God te zijn. 제12장.

회심한 사람은 누구나 빛의 자녀라고 불린다.

Nabij God te zijn. 제63장.

사람이 회심하게 되면 회심한 후에는 온 마음으로 거룩한 것에 열중하고, 모든 면에서 전과는 다르게 행동한다. 그래서 그는 자기 속에서 과거가 단절되고 새로운 생활이 시작되었다는 것을 느낀다.

Nabij God te zijn. 제75장.

중생으로 하나님과 하나님의 말씀을 사랑하게 되고, 회심으로 우리의 죄악 된 속성이 억제되고, 성화를 통해서 우리의 죄악의 삶이 다듬어져 간다.

Werk Van Heilige Geest. p.42

▲ 1621년 돌트 총회 회의록(1618-1619) 원본

휴머니즘

현대의 이단들은 휴머니즘을 표방하고 예술에 열정을 보이며, 고상한 삶의 형식에 대한 사랑과 충동을 느끼거나 감각적 쾌락과 부를 추구하거나 열정적인 자극을 쫓는다. Het Werk Van den Heilige Geest. p.193

인간의 의지에 치우친 신앙은 처음부터 '믿음으로 의롭게 된다'는 교리를 저버리고, 선행으로 구원 얻는다는 오류를 범할 위험을 내포하고 있다.

Nabij God te zijn. 제29장.

인간론을 기초로 하여 로마 가톨릭 종교가 서게 된다. 그러나 이 체계에 대해서는 두 요점의 문제가 있다. 한편으로는 죄에 대한 개념을 갖지 못하고 있으며, 또 한편에서는 죄에 대한 깊은 성경적 개념을 갖고 있지 못하며, 또한 인간 본성에 대한 가치를 평가함으로 실수를 범했다.

Calvinism VI.